FOR A RELATIONAL HAPPINESS

관계행복

© 생명의말씀사 2010, 2011

2010년 8월 25일 1판 1쇄 발행
2011년 1월 28일   11쇄 발행
2011년 8월 10일 2판 1쇄 발행
2025년 6월 5일   9쇄 발행

펴낸이 | 김창영
펴낸곳 | 생명의말씀사

등록 | 1962. 1. 10. No.300-1962-1
주소 | 서울시 종로구 경희궁1길 6 (03176)
전화 | 02)738-6555(본사) · 02)3159-7979(영업)
팩스 | 02)739-3824(본사) · 080-022-8585(영업)

지은이 | 조현삼

기획편집 | 유선영, 임선희
디자인 | 이경희
인쇄 | 영진문원
제본 | 다온바인텍

ISBN 978-89-04-15958-1 (03230)

저작권자의 허락 없이 이 책의 일부 또는 전체를
무단 복제, 전재, 발췌하면 저작권법에 의해 처벌을 받습니다.

관계를 아름답게 하는 8가지 법칙

관계
행복

조현삼 지음

생명의말씀사

| 개정판 서문 |

관계 공부는
평생 수업이다

FOR A RELATIONAL HAPPINESS

　사람과 사람 사이, 이 사이가 세상에서 가장 가깝기도 하고, 가장 멀기도 하다. 사이가 좋으면 행복하고, 사이가 나쁘면 불행하다. 사이가 통하면 이웃이고, 사이가 막히면 원수다. 사람에게 관계는 때론 무거운 짐이 되기도 하지만 세상을 나는 날개가 되기도 한다.
　사람이 둘 이상 모이면 관계가 형성된다. 우리는 부부관계, 부모와 자녀 관계, 형제자매관계, 친구 관계, 스승과 제자 관계, 상사와 부하 관계, 동료관계, 노사관계 등 많은 관계를 맺으며, 그 관계 속에서 산다.
　누가 경제는 생물(生物)이라고 하던데, 관계 역시 생물이다. 관계처럼 상하기 쉬운 것도 없다. 오늘 관계가 좋다고 해서 앞으로 계속 좋을 것이라는 보장이 없다. 친구와 원수가 따로 없다. 친구였던 이가 어느 날 원수로 변하기도 한다.

얼마 전, 부교역자 시절 지도했던 청년 몇 명이 이제는 중고등학생과 대학생 자녀를 둔 학부모가 되어 찾아왔다. 그중에 한창 사춘기 자녀를 둔 부모 몇은 작심하고 온 것 같았다.
"목사님, 애들하고 어떻게 해야 해요?" "목사님이 청년 때 결혼에 대해서, 말에 대해서, 돈에 대해서는 가르쳐 주셨는데, 자녀와의 관계에 대해서는 안 가르쳐 주셨잖아요. 지금이라도 가르쳐 주세요." 나에게 A/S를 해 달라고 하는 것 같았다. 어른이 되었지만, 여전히 사랑스럽다.

한번은 목사님 몇이 만남을 청해 내 방에서 만났다. 목회를 바르게 하려고 애쓰는 목사님들이다. 어느 정도 규모가 되는 교회를 담임하는 목사님들인데 이런 질문을 했다. "목사님, 장로님과 관계를 어떻게 해야 합니까?" 장로님들을 잘 섬기고 교인들과 행복하게 지내고 싶은 간절한 소망에서 한 질문이라는 것이 그들의 눈빛에서 전해졌다.

"남편과 관계를 어떻게 회복해야 해요?" "아내와 옛날에 좋았던 관계로 돌아갈 수는 없을까요?" "상사와의 관계 때문에 회사 생활이 너무 힘들어요, 어떻게 해야 하죠?" 묻는 사람이 많다.

좋은 관계를 맺고 싶은 이들, 관계가 힘든 이들, 관계로 고민하는 이들, 관계 단절로 괴로워하는 이들, 관계의 아픔이 병이 된 이들, 끊어진 관계가 다시 이어지기를 바라는 이들을 위해 관계 책을 쓰기로 하고 이 책을 썼다. 근거는 성경이다. 특정한 관계가 아니라, 모든 관계에 다 적용할 수 있는 관계 룰을 성경에서 찾아 이 책에 담았다.

이 책은 8장으로 구성했다. 5+3 형식이다. 먼저 1장에서 5장까지는 사람이 어떤 존재인지, 사람에게 있는 5가지를 한 장에 하나씩 정리했다. 연약함과 부족함과 허물과 좋은 것과 뛰어난 것이 있는 사람과 사람이 만나 관계를 맺는다. 상대의 이 5가지를 어떻게 해야 하는지, 이 5가지에 어떻게 반응해야 하는지, 그 답을 성경에서 찾아 정리했다. 이것이 5장까지다.

6장에서 8장까지는 가족과 이웃과 원수와 어떻게 관계를 맺어야 하는지를 정리했다. 모든 사람은 셋으로 구분할 수 있다. 그게 가족과 이웃과 원수다. 사람은 나의 가족이거나 이웃이거나 원수다. 이들은 누구며, 이들에게 어떻게 해야하는지, 어떻게 하면 이들과 좋은 관계를 맺을 수 있는지, 하나님은 이들과 어떻게 지내길 원하시는지를, 역시 성경에서 답을 찾아 정리했다. 이것이 6장에서 8장까지다.

『감자탕교회 이야기』를 출판한 김영사에서 낸 내 칼럼집이 있다. 지금은 절판한 『파이프 행복론』이다. 그 책 안에 이 책에서 함께 나누고 싶은,

관계를 행복하게 하는 글이 있다. 이 책을 처음 쓸 때, 그 책을 아직 절판하지 않은 상태라, 여기 넣고 싶었지만, 그러질 못했다. 절판이 주는 자유가 있어 편안한 마음으로 그 책에 심었던 관계 글 몇 그루를 이 책 몇 곳에 옮겨 심었다.

이 책을 가지고 관계 공부를 할 수 있도록 스터디 가이드를 책 뒤에 만들어 넣었다. 한 번에 한 장씩 여덟 번 공부하고 적용하면 관계가 회복되고, 관계가 좋아지는 것을 느낄 것이다. 그러나 이 과정을 마쳤다고 관계를 '완전 정복'하는 것은 아니다. 관계 공부는 수료도 없고 졸업도 없다. 평생 수업이다.

나는 이 책을 곁에 두고 주기적으로 읽는다. 성도들과 5년 주기로 『관계행복』을 교재로 공부한다. 주례를 하기 전에 교회에서 결혼 교육을 하는데, 과제 중에 독서 숙제가 있다. 이 책 『관계행복』과 『결혼설명서』와 『말의 힘』을 읽고 독후감을 제출하는 숙제다. 결혼을 결정한 두 사람에게, 이 책을 읽고 서로 나누는 공부 데이트를 권한다. 관계와 말이 결혼에 얼마나 큰 영향을 미치는지 알아, 싸우지 않고 사는 것이 잘사는 것인 줄 알아, 여백이 있는 삶을 두 사람에게 선물하고 싶어 하는 일이다.

조현삼

FOR A RELATIONAL HAPPINESS

개정판 서문 · 4

관계 렌즈 _ 나를 본 눈으로 남을 본다 · 12

사론의 수선화 / 골짜기의 백합화 / 검으나 아름답다 / 게달의 장막 같으나 솔로몬의 휘장 / 가시나무 가운데 백합화 / 수풀 가운데 사과나무 / 자신을 보는 눈으로 다른 사람을 본다 / 이제는 우리가 이 노래를 커버할 차례다

사람이라면 다 갖고 있는 5가지, 어떻게 할까

사람과의 관계를 아름답게 01_ 연약한 것은 도와주라 · 23

사람에게는 연약한 것이 있다 / 연약함은 용납하라 / 연약함을 시인하라 / 약함이 곧 강함이다 / 약점에 인생 걸지 말라 / 그의 연약함을 도울 힘이 당신에게 있다 / 도울 때는 상대를 배려하라 / 연약함 폴더를 정리하라

CONTENTS

사람과의 관계를 아름답게 **02_ 부족한 것은 채워주라** · 43

사람에게는 부족한 것이 있다 / 부족함은 느껴야 채울 수 있다 / 합쳐서 100점 / 내가 채워 100을 만들 나의 배우자 / 다른 사람이 채울 나의 부족함이 있다 / 내가 채우고 남은 부족함은 다른 사람이 채운다 / 채움은 타이밍이다 / 필요가 찼을 때 채워주라 / 필요를 확인하고 채워주라 / 필요는 정당한 방법으로 적당하게 채워야 한다 / 사람에게는 위(胃) 말고도 채워야 할 것들이 있다 / 때로 어른에게도 장난감이 필요하다 / 사람이 채울 수 없는 부족함도 있다

사람과의 관계를 아름답게 **03_ 허물은 덮어주라** · 65

사람은 허물과 죄가 있다 / 하나님이 주신 허물 처리 지침이 있다 / 아버지의 허물, 셈과 야벳은 덮었다 / 미리암과 아론은 허물을 허물이라고 말했다 / 지도자의 허물을 덮어야 지도자가 있는 인생을 산다 / 처리는 내게 맡기고 너는 그의 허물을 용서하라 / 허물을 사람 귀에 말하면 비판이고, 하나님 귀에 말하면 기도다 / 아버지와 풀어야 인생이 풀린다

사람과의 관계를 아름답게 04_ 좋은 것은 말해주라 · 87

좋은 것에 대한 안타까운 반응_ 방치한다 / 좋은 것에 대한 부정적인 반응_ 시기한다 / 다른 사람의 좋은 것을 탐하지 말라 / 좋은 것에 대한 믿음의 반응_ 기뻐한다 / 마음과 눈이 열려 좋은 것이 좋게 보이면, 오늘 춤을 춘다 / 좋은 것을 본받으면 행복하다 / 좋은 것을 보고 부러우면, 손들고 "하나님 저도요" / 다음은 내 차례다 / 좋은 것을 좋다고 말하는 것이 칭찬이다 / 좋은 것을 보고 좋다고 말해준 어머니의 격려가 아들의 인생을 바꿨다 / 좋은 것을 좋다고 말하는 것이 위로다 / 좋은 것을 좋다고 말해주면 힘이 난다

사람과의 관계를 아름답게 05_ 뛰어난 것은 인정해주라 · 109

능력은 보관용이 아니다 / IQ 수치로 당신의 능력을 제한하지 말라 / 내게 없는 능력은 곁사람에게 있다 / 곁사람에게 있는 능력도 하나님이 내게 주신 능력이다 / 인정은 사람 안에 있는 능력을 길어 올리는 두레박이다 / 사람이 사람에게 한 첫 말이 인정이다 / 잘하는 것이 탁월함이고, 그것이 뛰어난 것이다 / 하나님의 인정, 받아들이라 / 인정은 관계 치료제다 / 인정받고 싶으면 인정하라 / 바울은 모든 일에 모든 사람을 기쁘게 하며 살았다

행복한 관계 맺기

사람과의 관계를 아름답게 06_ 가족은 돌아보라 · 135

가족은 서로의 버팀목이다 / 결혼설명서대로 결혼하고 가정설명서대로 살아야 한다 / 하나님의 선물인 가족은, 그 자리에 둬야 한다 / 가족은 돌아봐야 한다 / 가족, 끝까지 함께 갈 사람이다 / 가정은 관계를 배우는 생의 첫 학교다 / 가정을 천국으로 만드는 공사 시방서 / 자녀는 부모의 축복을 먹고 자란다 / 남편의 입술, 지혜로운 아내의 입술 / 여자 나라말을 배우라 / 남자 나라말을 배우라

사람과의 관계를 아름답게   **07_ 이웃은 사랑하라** · 163

가난한 이웃 부자 이웃, 다 이웃이다 / 웃는 이웃과 함께 웃으라 / 우는 이웃과 함께 울라 / 강도 만난 이웃은 돌보아주라 / 주린 이웃에게 먹을 것을 나눠주라 / 병든 이웃을 고쳐주라 / 고아와 과부 이웃과 함께 즐거워하라 / 나그네 이웃을 선대하라 / 딱한 이웃으로 인해 마음이 아플 때는 기도하라

사람과의 관계를 아름답게   **08_ 원수는 없애라** · 187

원수를 만들지 말라 / 복수로 원수를 없앤다, 가능할까? / 복수 불가 / 원수에게 잘해주라? / 원수를 없애는 방법_ 사랑 / 원수를 없애는 방법_ 기도 / 원수를 없애는 방법_ 축복 / 원수를 없애는 방법_ 신탁 / 원수를 없애는 방법_ 용서 / 원수를 없애는 방법_ 하나님을 기쁘시게 하라 / 원수를 없애면 여백이 생긴다 / 원수가 사명자일 수 있다 / 멀리해야 할 사람도 있다

에필로그 _ 거기서 여호와께서 복을 명하셨다 · 214
앙코르 _ 상상하며 부르는 노래 · 223
사이클론을 만난 미얀마 사람들 / 열등감과 헤어지기
STUDY GUIDE · 235

목차

11

| 관계 렌즈 |

나를 본 눈으로
남을 본다

 FOR A RELATIONAL HAPPINESS

아가서에 등장하는 솔로몬과 술람미 여인은 관계를 통해 충분한 행복을 누린 사람들이다. 아름다운 관계, 행복한 관계 속에는 비결이 있지 않을까. 우리는 이런 호기심을 갖고 이 두 사람의 행복한 관계의 원천을 들여다보려고 한다.

아가서는 신랑과 신부가 함께 부르는 사랑의 노래다. 신랑과 신부가 한 절씩 주고받으며 부르는 아름다운 노래가 처음부터 끝까지 이어진다. 솔로몬과 술람미 여인, 이 두 사람이 부르는 노래다.

두 사람은 각자 자기를 노래했다. 자신이 본 자기를 노래했다. 이 노래를 들어보면 두 사람이 각자 생각하는 '자기'를 엿볼 수 있다.

사론의 수선화

신랑은 자신을 "사론의 수선화요, 골짜기의 백합화"라고 노래했다.

"사론의 꽃 예수"라는 찬송가 가사 때문인지는 몰라도 '사론' 하면 막연하게 아름다운 땅 중의 땅이 그려진다. 그러나 실은 반대다. 사론은 아름다운 땅, 비옥한 땅이 아니라 척박하고 쓸모없는 땅의 대명사다.

사론은 사론평야를 가리킨다. 이곳은 이스라엘이 가나안 땅을 점령해 나눠줄 때, 므낫세 반(半)지파에게 분배해 준 땅 안에 있다. 이곳은 이스라엘의 지중해 서쪽 해안에 자리잡고 있고, 길이가 약 48km, 폭이 평균 16km다. 이 지역을 붉은색의 모래가 덮고 있는데 이것이 배수를 막아 거대한 습지대가 형성되었다. 말라리아가 창궐하는 늪지대인 이곳에 피는 꽃이 있는데, 이름이 수선화다.

사론의 뜻은 '숲이 우거진 지역'으로, 습지대로 인해 형성된 잡목 숲 때문에 붙여진 이름이다. 고대에서 현대까지 사론평야의 대부분은 잡목과 수풀로 뒤덮여 있어서 농사도 지을 수 없었다. 1차 세계대전 후인 1920년대에 유대인들이 이 땅을 집중적으로 매입해서 이스라엘에서 가장 비옥한 오렌지 생산단지로 만들었다.

사론의 수선화는 쓸모없는 땅, 척박한 땅에 피어난 꽃이라는 의미다.

관계 렌즈

골짜기의 백합화

이스라엘의 골짜기는 험하다. 이스라엘에서 아둘람 굴을 찾기 위해 한나절 동안 골짜기를 걸은 적이 있다. 그때 "나의 발을 사슴과 같게 하사 나를 나의 높은 곳으로 다니게 하시리로다"라는 성경의 표현이 무엇을 의미하는지 알았고, "내 걸음을 넓게 하셨고 나를 실족하지 않게 하셨나이다"는 다윗의 고백이 미끄러져 죽지 않게 해주셨다는 고백임도 알았다.

이스라엘의 골짜기는 험하다. 그 골짜기에 핀 꽃이 백합화다.

쓸모없기는 사론이나 골짜기나 마찬가지다. 사람이 사론에서 살고 골짜기에서 살면 스스로를 사론으로, 골짜기로 보기 쉽다. 환경의 영향을 받기 때문에 그런지 모른다. 신랑은 자신을 사론으로 보고, 골짜기로 볼 수 있다. 쓸모없는 존재로 볼 수도 있다는 말이다. 그러나 그는 자신을 사론 가운데 수선화로, 골짜기 가운데 백합화로 보았다. 그에게는 자신을 그렇게 볼 수 있는 눈이 있었다.

검으나 아름답다

신부는 "내가 비록 검으나 아름다우니 게달의 장막 같을지라도 솔로몬의 휘장과도 같구나" 하고 노래했다. 그는 자신을 검다고 했다. 그녀가 검게 된 것은 햇볕 때문이다. 남자 형제들이 노하여 그녀를 포도원지기로 삼았다. 볕에 그을려서 거무스름해진 것이다. 선크림도 없던 시절에 그 뜨거운 땡볕 아래서 하루 종일 그을린 것이다.

게달의 장막 같으나 솔로몬의 휘장

그녀는 자신이 게달의 장막 같다는 것을 알았다.

게달의 장막은 양이나 염소 가죽으로 만든 천막이다. 가죽을 뒤집어서, 털 있는 쪽을 안이 되도록 만든 천막이다. 이것이 햇빛을 받으면 표면이 검은색으로 변하면서 자글자글하게 갈라진다. 여자에게 검은 것과 자글자글하게 갈라지고 거칠거칠한 피부는 감추고 싶은, 드러내고 싶지 않은 것일 수 있다. 그녀는 이것 때문에 힘들어하고 이것 때문에 형제들을 원망하며 이것 때문에 우울하게 살 수 있었다. 그러나 그녀는 검은 것과 게달의 장막을 주목하지 않았다. 그것이 자신의 전부라고 생각하지 않았다. 오히려 그 가운데서 자신의 아름다움을 보았고, 솔로몬의 휘장과 같은 자신을 발견했다.

그녀에게는 자기가 비록 검으나 아름답게 볼 수 있고 게달의 장막 같을지라도 솔로몬의 휘장과 같이 볼 수 있는 마음의 눈이 있었다. 그래서 당당하게 웃으며 살았고, 이렇게 아름다운 사랑의 노래를 부를 수 있었다.

사람은 누구나 사론이 있고 골짜기가 있다. 우리에게도 사론이 있고 골짜기가 있고, 검은 것이 있고 게달의 장막 같은 것이 있다. 이것을 나로, 나의 전부로 볼 것인가. 아니면 그 가운데서 나를 수선화와 백합화로, 솔

관계 렌즈

로몬의 휘장과 같이 볼 것인가. 이 선택에 따라 우리의 삶이 거무스름할 수도 있고 백합화와 같을 수도 있다. 이 선택이 삶의 색을 바꿔 놓는다.

가시나무 가운데 백합화

두 사람이 이번에는 서로를 노래했다.

신랑은 신부를 향해 "여자 중에 내 사랑은 가시나무 가운데 백합화 같다"며 노래했다.

술람미 여인이 자신을 소개한 것을 염두에 두면 솔로몬이 '가시나무 가운데'라고 표현한 것이 적절한 표현일지 모른다. 거친 삶을 살아왔던 술람미 여인은 외모만 보면 가시나무같이 보일 수 있기 때문이다. 그러나 솔로몬에게는 그녀를 가시나무가 아니라, 가시나무 가운데 백합화로 볼 수 있는 눈이 있었다. 가시나무로 보는 것과 가시나무 가운데 백합화로 보는 것은 달라도 많이 다르다.

자신을 사론의 수선화요 골짜기의 백합화로 보는 사람은 다른 사람도 같은 눈으로 본다. 만약 그가 자신을 사론, 골짜기로만 보았다면 그는 아내를 가시나무로 보았을지 모른다.

수풀 가운데 사과나무

신부는 신랑을 향해 "남자 중에 나의 사랑하는 자는 수풀 가운데 사과나무 같다"고 노래했다. 신부의 눈에는 신랑이 그렇게 보였다. 신부는 얼마든지 신랑을 수풀로 볼 수 있다. 잡초가 우거진 잡초더미로 볼 수 있다.

그러나 그녀에게는 신랑을 수풀이 아닌 수풀 가운데 사과나무로 볼 수 있는 눈이 있었다. 그녀는 자기를 비록 검으나 아름답게 보았던 눈으로 다른 사람도 보았다. 만약 자신을 검게만 보았다면 그 역시 다른 사람을 잡초더미로 보았을지 모른다.

솔로몬과 술람미 여인에게는 눈이 있었다. 사론 가운데서 수선화를, 골짜기에서 백합화를, 검은 데서 아름다움을, 게달의 장막에서 솔로몬의 휘장을, 가시나무 가운데서 백합화를, 수풀 가운데서 사과나무를 볼 수 있는 눈이 있었다. 이들의 결혼생활이 수선화와 백합화가 함께 피어나는 꽃들의 향연이 된 데는 이들의 눈도 한몫했다.

쓸모없는 땅과 험한 골짜기와 가시나무가 함께 만나 산다면, 그 삶은 많이 곤고할 것이다. 아내 안에서 아름다움을 발견하지 못하고 살아야 하는 남편은 슬프다. 남편 안에서 수선화를 보지 못하고 살아야 하는 아내는 고통스럽다. 상대를 가시나무 가운데 백합화, 수풀 가운데 사과나무로 보기 위해서는 먼저 자기 자신의 사론에서 수선화를 발견하고, 자신의 검은 피부에서 아름다움을 보아야 한다. 그래야 꽃과 함께 살 수 있다. 그래야 사과나무 그늘에서 그 열매를 먹는 즐거움을 누릴 수 있다.

관계 렌즈

우리는 여기서 관계를 행복하게 하는 단순한 사실 하나를 마음에 담을 수 있다.

자신을 보는 눈으로 다른 사람을 본다

내가 나를 어떻게 보고 어떻게 말하느냐는 것은 단순히 우리 자신의 정체성 문제만이 아니다. 그것은 곧 다른 사람과의 관계성 문제로 이어진다. 자신의 정체성 문제가 다른 사람과의 관계를 힘들게 하고 어렵게 만드는 요인이 될 수 있고, 다른 사람과의 관계를 행복하게 하는 요인이 될 수도 있다.

자신을 귀하게 봐야 다른 사람도 귀하게 본다. 자신을 본 그 눈으로 다른 사람도 보기 때문이다. 성경을 보면 눈을 열어 달라고 기도하는 사람과 그 기도를 들으시고 눈을 열어 주시는 하나님이 등장한다. 안약을 사서 눈에 바르라는 말씀도 있다. 만약 다른 사람이 가시나무로, 잡초더미로만 보인다면 눈을 열어 달라고 기도해야 한다. 그러면 나와 남에게서 백합화와 수선화와 사과나무가 보일 것이다. 만약 자신이 사론으로, 골짜기로, 검게, 게달의 장막으로만 보인다면, 안약을 사서 눈에 넣어야 한다. 이것이 좋은 관계의 원천이다.

이제는 우리가 이 노래를 커버할 차례다

솔로몬과 술람미 여인이 부른 노래를 이제는 우리가 커버할 시간이다.

어떤 가수가 부른 노래를 다른 가수가 부를 때, 그걸 커버라고 한다. 가사는 화면에 띄워줄 수 있다. MR이 없는 것이 아쉽지만 그래도 가사는 있다. 같이 불러보자.

나의 사랑하는 자는 내 품 가운데 몰약 향주머니요 나의 사랑하는 자는 내게 엔게디 포도원의 고벨화 송이로구나 내 사랑아 너는 어여쁘고 어여쁘다 네 눈이 비둘기 같구나 나의 사랑하는 자야 너는 어여쁘고 화창하다 우리의 침상은 푸르고 우리 집은 백향목 들보, 잣나무 서까래로구나.

아가 1장 13-17절

나의 사랑하는 자가 내게 말하여 이르기를 나의 사랑, 내 어여쁜 자야 일어나서 함께 가자 겨울도 지나고 비도 그쳤고 지면에는 꽃이 피고 새가 노래할 때가 이르렀는데 비둘기의 소리가 우리 땅에 들리는구나.

아가 2장 10-12절

관계를 아름답게 하는 8가지 법칙

FOR A RELATIONAL HAPPINESS

01_ 연약한 것은 도와주라
02_ 부족한 것은 채워주라
03_ 허물은 덮어주라
04_ 좋은 것은 말해주라
05_ 뛰어난 것은 인정해주라
06_ 가족은 돌아보라
07_ 이웃은 사랑하라
08_ 원수는 없애라

FOR A RELATIONAL HAPPINESS

사람과의 관계를 아름답게

01_ 연약한 것은 도와주라

하나님의 창조를 통해 관계는 시작되었다. 하나님이 먼저 남자를 창조하셨다. 그의 이름은 아담이다. 하나님이 남자를 창조하신 후에 "사람이 혼자 사는 것이 좋지 아니하니 내가 그를 위하여 돕는 배필을 지으리라" 하시고 아담을 깊이 잠들게 하신 후에 그 갈빗대로 여자를 만드셨다.

사람이 혼자 사는 것이 하나님 보시기에 좋지 않았던 이유는 바로 이어 하나님이 말씀하신 '돕는 배필' 속에서 찾을 수 있다. 하나님은 사람을 지으시되 혼자 온전하거나 완전하게 짓지 않으셨다. 다른 사람의 도움을 받아야 하는 존재로 지으셨다. 하나님이 능력이 모자라서 실수하신 것이 아니다. 이것은 사람을 관계 속에서 살게 하시려는 하나님의 아이디어다. 사람이 혼자 사는 것이 좋지 않고, 더불어 사는 것이 좋은 이유는 처음 사람이 지음을 받을 때부터 하나님은 사람을 사람과 함께 살도록 디자인하셨기 때문이다. 사람은 처음 지음을 받을 때부터 다른 사람의 도움을 받아야 할 연약함이 있는 존재로 지음을 받았다.

사람에게는 연약한 것이 있다

사람에게 연약함이 있는 것은 이상한 일이 아니라 당연한 일이다. 사람이 갖고 있는 연약함은 다양하다. 몸이 연약할 수 있고, 마음이 연약할 수 있다. 나면서부터 갖고 있는 연약함일 수 있고, 살면서 갖게 된 연약함일 수 있다. 한두 가지 연약함이 있는 이가 있는가 하면, 여러 가지 연약함을 갖고 있는 이가 있다.

연약함 중에는 누가 봐도 연약함인 것이 있다. 자신이 보기에도 연약함이고, 다른 사람이 보기에도 연약함인 경우다. 연약함 중에는 스스로 만든 연약함도 있다. 다른 사람은 그것을 연약함이라고 생각하지 않는데 스스로 연약함이라고 여기는 경우다.

예를 들면 이런 것이다. 성격이 급한 사람이 있고, 느긋한 사람이 있다. 남자가 있고 여자가 있다. 키가 작은 사람이 있고, 큰 사람이 있다. 대한민국에서 태어난 사람이 있고, 미국에서 태어난 사람이 있다. 피부색이 검은 사람이 있고, 흰 사람이 있다. 이것은 연약함이 아니다. 그런데 이것을 연약함으로, 자신의 약점이라고 여기는 사람이 있다.

연약함이 아니지만 그것을 연약함이라고 여기면, 그것이 그의 연약함이 된다. 타고난 연약함의 무게나 스스로 만든 연약함의 무게는 같다. 자신의 연약함에 잘못 대응하면 열등감이 깊어진다. 열등감은 자신의 연약함에 부정적으로 반응하는 것이다.

사람은 자신의 연약함으로 힘들어하고, 자신감을 잃고, 괴로워하고, 분노하고, 우울해하기도 한다. 연약한 자신을 싫어하고 미워하고 증오하기도 한다. 그 연약함이 드러날까 봐 가슴 졸이며 그것을 감추기에 급급할 수 있다. 있는 연약함도 버거운데, 여기다 스스로 만든 연약함까지 지고 사는 인생은 피곤하다.

연약함을 만드는 사람은 자신의 연약함을 만들 뿐 아니라 다른 사람의 연약함도 만든다. 그 자신이나 다른 사람은 그것을 연약함이라고 생각하지 않는데, 그것을 연약함이라고 하는 사람이 있다. 이렇게 한 후에 그것을 지적하고, 놀리고, 비판하는 안쓰러운 사람도 있다. 우리는 연약함을 만드는 사람, 연약함 메이커가 되지 말아야 한다.

자신의 연약함 중 스스로 만든 연약함이 있다면, 결자해지가 필요하다. 연약함이 아니라 자신이 만든 연약함은 '연약함 아님' 상태로 되돌릴 필요가 있다. 연약함이 아닌데 내가 만든 다른 사람의 연약함이 있다면, 그것도 되돌려야 한다.

만든 연약함이 아닌 나의 연약함과 다른 사람의 연약함을 다룰 차례다. 우리는 자신의 연약함을 있는 모습 그대로 받아들이고, 도구나 다른 사람들의 도움을 받으며 살겠다고 마음을 열어야 한다. 우리 곁에 있는 이들의 연약함도 용납하며 긍휼한 마음으로 돕겠다고 전향적으로 생각해야 한다.

하나님은 우리에게 연약함을 담당하라고 하신다.

믿음이 강한 우리는 마땅히 믿음이 약한 자의 약점을 담당하고 자기를 기쁘게 하지 아니할 것이라. 로마서 15장 1절

약점을 담당하라는 의미를 두 가지로 적용할 수 있다. 하나는 그 연약함을 용납하는 것으로, 또 하나는 그 연약함을 도와주는 것으로.

연약함은 용납하라

하나님은 연약함을 용납하라고 하신다. 용납은 있는 그대로 받아들이는 것이다. 자신의 연약함이든 다른 사람의 연약함이든 연약함은 용납해

야 한다. 그것이 누가 보아도 연약한 연약함이든 스스로 만든 연약함이든 용납해야 한다.

연약함을 용납하기 위해서는 연약함을 인정해야 한다. 연약함을 부인하거나 부정하려고 하지 말고, 이것이 나의 연약함이라고 인정하는 것이다. 그리고 그것을 있는 모습 그대로 받아들이는 것이다. 모국어밖에 못하는 것을 스스로 연약함이라고 부르고 그것 때문에 힘들다면, 열심히 언어 공부해서 외국어 하나 더 하면 된다. 공부해도 안 되거나, 아무리 생각해도 언어적인 재능이 없는 것 같다면 힘들어하지 말고, 그것을 받아들이고 모국어를 잘하고 살면 된다. 필요하면 번역가의 도움을 받고, 통역자의 도움을 받으면 된다. 모국어만 하고도 잘 사는 사람들이 지구상에 얼마나 많은가.

장애가 있다면 그 장애를 받아들이는 것이다. 있는 모습 그대로 받아들이는 것이다. 피부가 검은 것은 연약함이 아니다. 그러나 이것을 연약함으로 느껴도 처방은 같다. 자기 피부가 검은 것을 받아들이는 것이다. 목욕탕에 가서 때밀이 수건으로 피나도록 얼굴을 문지를 필요 없다. 그렇다고 피부가 하얗게 되는 게 아니다. 딱지만 앉을 뿐이다.

용납, 이것이 연약함을 대하는 일차적인 자세다. 그다음에 이 연약함을 어떻게 할 것인지를 결정해야 한다. 약점을 강하게 할 것인지, 아니면 그 약점을 안고 살면서 도구나 사람들을 통해 보완할 것인지를 결정해야 한다. 연약함은 개선할 필요가 있다. 약점을 장점으로 만들 필요도 있다.

하지만 많은 경우, 연약함은 안고 가는 것이 좋다. 자신의 연약함이든, 다른 사람의 연약함이든 연약함은 안고 갈 필요가 있다. 우리의 연약함 중에는 평생 안고 가야 할 연약함도 있다.

나는 놀이공원을 가면 회전목마 정도만 탄다. 청룡 열차는 보기만 해도 현기증이 난다. 한번은 모르고 놀이공원에서 바이킹을 탔다가 얼마나 혼났는지 모른다. 같이 탄 사람들은 소리를 지르며 환호했지만, 나는 바이킹이 위에서 아래로 내려갈 때면 심장이 내려앉는 것 같아서 얼마나 힘들었는지 모른다. 같이 간 초등학생 손을 내가 얼마나 세게 잡았던지, 나중에 보니 그 아이 손이 벌게져 있었다. 이런 연약함은 안고 가면 된다. 무서운 거 안 타면 된다. 굳이 담력을 키우겠다고 놀이공원에 가서 청룡열차를 타고 비명을 지르거나, 번지 점프대 앞에서 공포에 떨 필요는 없다. 이것이 연약함이라면, 그냥 안고 가면 된다. 이런 거 하지 않아도 사는 데 전혀 지장이 없다.

연약함을 시인하라

예수님이 잡히셨다. 안나스에게 심문당하시고 가야바에게 심문당하셨다. 예수님의 제자 베드로는 군병들에게 끌려가신 예수님을 대제사장의 집 뜰 안까지 따라갔다. 그때는 추웠다. 사람들이 숯불을 피우고 서서 쬐고 있었다. 베드로도 함께 불을 쬐었다. 베드로를 알아보는 사람이 거기 있었다. "너도 그 제자 중 하나가 아니냐?" 베드로는 "나는 아니라"고 부인했다. 세 번이나 부인했다. 닭이 울었다.

베드로가 예수님을 부인한 이유는 여러 가지일 수 있다. 그중 하나를 같이 나누려고 한다. 이것을 설명하기 위해서는 예수님이 체포당하기 전에 베드로에게 하신 말씀과 그에 대한 베드로의 대답을 살펴볼 필요가 있다. 예수님은 베드로에게 "오늘 밤 닭 울기 전에 네가 세 번 나를 부인하리라"고 말씀하셨다. 베드로가 얼마나 약한지를 예수님이 일러주셨다. "너는 약하다"는 예수님의 말씀에 베드로는 자기는 강하다고 강변했다. "내가 주와 함께 죽을지언정 주를 부인하지 않겠나이다." 이것은 "예수님, 나는 약하지 않습니다. 나는 강합니다. 나는 죽으면 죽었지, 주를 부인할 사람이 아닙니다"라는 자신감의 표현이다.

이렇게 말한 베드로가 잠시 후, 닭이 울기 전에 세 번 예수님을 부인했다. 우리는 이 둘 사이, '내가 주와 함께 죽을지언정 주를 부인하지 않겠다'는 각오와 '나는 아니라'는 부인 사이를 주목할 필요가 있다.

베드로가 자신의 약함을 부인한 후에 예수님은 제자들을 데리고 겟세마네 동산으로 가셨다. 예수님은 제자들에게 "너희는 여기 머물러 나와 함께 깨어 있으라"고 하시고, 조금 나아가서 얼굴을 땅에 대고 엎드려 기도하셨다. 그러나 베드로를 비롯한 제자들은 잤다. 예수님은 기도 중간에 오셔서 베드로에게 "시험에 들지 않게 깨어 기도하라"고 하셨다. 그래도 그들은 기도하지 않고 잤다.

베드로를 비롯한 제자들이 기도하지 않고 잠을 잔 이유는 피곤하기 때문이었다. 예수님이 말씀하신 것처럼, 그들은 마음에는 원이지만 육신이 약했다. 또 하나의 이유가 있다. 베드로에게는 기도의 필요성과 절박성이 없었다.

만약 베드로가 예수님이 "네가 약하다"고 하실 때 "네, 주님 저는 약합니다"하고 자신의 약함을 시인했다면, 그에게는 기도할 이유와 필요와 절박함이 있었을 것이다. 그랬다면 베드로는 이렇게 기도했을 것이다. "하나님, 제 의지로는 예수를 부인할 수밖에 없습니다. 하나님, 저를 도와주세요. 범사에 주를 몸으로, 삶으로 시인할 수 있게 도와주세요."

베드로는 예수님이 "오늘 밤 닭 울기 전에 네가 세 번 나를 부인하리라"고 경고하실 때, 말씀에 의지하여 자신의 약함을 시인했어야 한다. 오직 성령이 아니고는 누구도 예수를 주라고 시인할 수 없음을 인정했어야 한다. 자신의 의지가 아니라 주님의 말씀에 의지해서 자신의 약함을 시인했어야 한다. 그러나 그는 자신의 약함을 부인했다. 안타깝게도 베드로는 "오늘 밤 닭 울기 전에 네가 세 번 나를 부인하리라"는 주님의 말씀보다 "주와 함께 죽을지언정 주를 부인하지 않겠다"는 자신의 의지를 신뢰했다.

죽을지언정 주를 부인하지 않겠다는 것은 당시 베드로의 마음이었다. 그의 의지였다. 그의 결심이었다. 그랬기에 그는 '너는 죽음 앞에서 나를 부인할 수 있는 약한 존재'라는 주님의 평가에 이렇게 대답한 것이다.

그는 자신의 의지대로, 자신의 결심대로 자기는 주와 함께 죽을지언정 주를 부인하지 않을 줄 알았다. 그래서 그는 자신의 약함을 시인하지 않았다. 자신의 약함을 부인했다. 강한 그는 기도하지 않았다. 더 정확히, 그는 기도할 필요를 느끼지 못했다. 만약 베드로가 예수님의 말씀에 따라 자신의 연약함을 인정했다면, 그는 분명히 기도했을 것이다. 예수를 부인하지 않을 힘을 달라고 구하고 또 구했을 것이다.

여기 나오는 베드로는 다른 사람이 아니라 우리 자신이다. 우리는 베드로와 같이 약하다. 우리는 돈에 약하다. 이성에 약하다. 명예에 약하다. 권력에 약하다. 이게 우리다. 다른 사람은 이럴지 몰라도 나는 아니라고 부인하지 말아야 한다. 돈은 초월했고 이성에는 관심이 없고 명예와 권력에는 미동도 하지 않을 수 있다고 자신해서는 안 된다. 사람은 약하다. 자신이 약하다는 것을 시인하면 기도한다. 이것을 시인하면 조심한다. 성령의 도움을 구하고, 주변 사람들의 도움을 구한다. 제도적인 장치와 시스템을 통해 보완한다.

약함이 곧 강함이다

일반적으로 연약함 때문에 힘들어한다. 그런데 약함이 있는 사람에게 복음이 있다. 기쁜 소식이 있다. 하나님은 약함을 통해 일하신다. 바울에게 약함이 있었다. 그 약함이 정확하게 무엇인지는 모른다. 성경에는 육체의 가시라고만 나와 있다. 바울의 고백을 자세히 들어보면 약한 것들이 그에게 있었다. 하나의 약함이 아니라 여러 개의 약함이 그에게 있었다. 그럼에도 그는 이 약함 때문에 힘들어하거나 위축되지 않았다. 오히려 그 약함 때문에 신이 났다. 약함 속에 있는 강함을 발견했기 때문이다. 바울의 말을 들어보자.

> 여러 계시를 받은 것이 지극히 크므로 너무 자만하지 않게 하시려고
> 내 육체에 가시 곧 사탄의 사자를 주셨으니
> 이는 나를 쳐서 너무 자만하지 않게 하려 하심이라.
> 이것이 내게서 떠나가게 하기 위하여 내가 세 번 주께 간구하였더니
> 나에게 이르시기를 내 은혜가 네게 족하도다.
> 이는 내 능력이 약한 데서 온전하여짐이라 하신지라.
> 그러므로 도리어 크게 기뻐함으로 나의 여러 약한 것들에 대하여
> 자랑하리니 이는 그리스도의 능력이 내게 머물게 하려 함이라.
> 그러므로 내가 그리스도를 위하여 약한 것들과 능욕과 궁핍과 박해와
> 곤고를 기뻐하노니 이는 내가 약한 그 때에 강함이라. 고린도후서 12장 7-10절

바울은 연약함을 위해 하나님께 기도하던 중에 자신의 능력이 약한 데서 온전하여진다는 귀한 진리를 깨달은 것이다. 이것을 깨닫고 나니 이제까지 약한 것 때문에 힘들고 무겁던 마음이 가벼워졌다. 그는 이제 도리어 자신의 연약한 것에 대하여 크게 기뻐하며 자랑하고 있다. 그는 그

이유를 "그리스도의 능력이 내게 머물게 하려 함이라"고 설명했다. 바울은 약한 그때가 곧 강한 때임을 깨달은 것이다. 자신의 약한 것들에 그리스도의 능력이 임하면 강함이 된다는 사실을 깨달은 것이다. 이것을 깨달은 바울은 이렇게 고백한다.

형제들아, 너희를 부르심을 보라.
육체를 따라 지혜로운 자가 많지 아니하며 능한 자가 많지 아니하며
문벌 좋은 자가 많지 아니하도다.
그러나 하나님께서 세상의 미련한 것들을 택하사
지혜 있는 자들을 부끄럽게 하려 하시고
세상의 약한 것들을 택하사 강한 것들을 부끄럽게 하려 하시며
하나님께서 세상의 천한 것들과 멸시 받는 것들과 없는 것들을 택하사
있는 것들을 폐하려 하시나니
이는 아무 육체도 하나님 앞에서 자랑하지 못하게 하려 하심이라.
고린도전서 1장 26-29절

약점에 인생 걸지 말라

자신의 연약함을 장점으로 바꾸는 일에 인생을 걸겠다고 하는 사람이 있으면, 말리고 싶다. 연약함은 안고 가고, 자신의 장점에 인생을 걸어야 한다. 약점을 개선하는 데 시간을 쓰기보다 장점을 발전시키는 데 시

간을 써야 한다. 우리의 인생은 시간이 정해져 있다. 우리는 제한된 시간을 산다. 그 시간을 효율적으로 써야 한다. 약점을 개선하는 일과 장점을 발전시키는 일에 같은 시간을 써보면, 어느 것이 효율적인지 알 수 있다. 연약함을 개선하는 데 1만 시간을 쓴 사람과, 그것은 안고 가기로 하고 자신의 장점을 발전시키는 데 1만 시간을 쓴 사람 중 누가 성공하겠는가. 연약함은 1만 시간을 들여도 그 진보함이 아주 미미하지만, 장점에 1만 시간을 들이면 경지에 오른다. 그 연약함이 죄가 아니라면 안고 가라. 자신의 연약함도, 다른 사람의 연약함도 마찬가지다.

연약함을 용납했다면, 이제 한 걸음 나아가 연약함을 도우라. 나의 연약함은 도움을 받아야 하고, 다른 사람의 연약함은 도와야 한다. 사람이 도울 수 있고, 기구나 도구를 이용해서 연약함을 보완할 수 있다. 자신의 연약함을 보완할 수 있는 도구나 기구를 찾아 사용하는 것도 연약함을 보완하는 방법이다. 다른 사람에게 그 사람의 연약함을 보완할 도구나 기구를 추천하거나 선물하는 것도 그를 돕는 한 방법이다.

내 경우는 글씨가 연약함이다. 내가 글씨를 편하게 써서 부임한 지 얼마 되지 않은 교역자에게 주면, 선임자에게 가지고 가서 해석을 의뢰하는 경우가 종종 있다. 나는 글씨를 예쁘게 쓰는 사람들을 보면 부럽다. 학교 다닐 때도 내용은 좋은데 필체 때문에 손해를 본 경우도 있다. 내가 이름을 쓰면 그것이 그냥 사인이다. 성의 없게 쓴 것 같은 그런 느낌의 필체다. 이것을 보완하기 위해 펜글씨도 해봤고, 정자로 글쓰기도 해보 았는데 별반 개선되지 않았다.

  이것을 보완할 도구를 찾다 타자기로 눈이 갔다. 마라톤 타자기를 사다 사용했다. 얼마나 좋던지. 이런 가운데 개인용 컴퓨터가 출시되었다. 1990년으로 기억하는데, 세운상가에 가서 조립 컴퓨터를 샀다. XT 다음에 나온 AT로 기억한다. 지금이나 그때나 컴퓨터값은 100만 원대인 것 같다. 신학대학원생에게는 꽤 큰 부담이지만, 기꺼이 컴퓨터를 사고, 아래 한글 워드프로세서 1.2버전을 샀다. 지금 나는 목회에 필요한 워드프로세서를 포함한 여러 프로그램을 입속의 혀처럼 다룬다. 교적을 컴퓨터로 관리하고, 교인들의 교적을 스마트폰 안에 넣고 다닌다. 필요한 경우 언제 어디서나 검색할 수 있다. 나만이 아니라 교역자 모두가 이렇게 한다.

  나는 컴퓨터를 일찍 접한 편이다. 우리교회 홈페이지 개설이 교계 신문에 보도될 정도로 빨랐다. 이런 것이 다 나의 연약함인 손 글씨를 보완하기 위해 컴퓨터를 사용하면서 덤으로 얻은 열매이다. 만약 지금도 내가 손 글씨의 연약함을 보완하겠다고 날마다 하루 한 시간씩 붓글씨를 쓰고, 펜글씨를 쓰고 있다면 어떻게 되었을까? 아마 아주 미미하게 글씨체가 조금은 좋아졌겠지만, 뛰어난 진보는 없었을 것이다. 이렇게 하지 않은 것은 지금 생각해도 잘한 일이다. 손 글씨의 연약함이 오히려 나의 삶과 사역에 큰 유익이 된 것이다.

나는 소위 길치다. 공간지각 능력이 약한 것 같다. 몇 번 간 길도 갈 때마다 새롭다. 우리 교역자들 사이에 회자하는 말이 있다. 길은 내게 묻지 말라는 것이다. 왜냐하면 길에 대해 내가 말한 대로 갔다가 대부분 한두 번씩은 다 돈 기억이 있기 때문이다. 그래서 할 수 있으면 나는 차를 타면 다른 것은 몰라도 길에 대해서는 말하지 않으려고 한다. 하나님이 이런 나를 위해 개발해주신 것이 내비게이션이다. 이것이 나오기 전까지는 지방에 갈 일이 있으면 일단 그 지방까지 간 다음에 택시를 세워 약도를 기사에게 주고 앞서 가달라고 하고 그 뒤를 따라갔다. 택시 내비게이션을 이용했다. 돈이 조금 들기는 했지만, 이것 때문에 '나는 왜 이럴까?' 하며 힘든 시간을 보내지는 않았다.

나는 응용력은 뛰어난데 암기력은 약하다. 내게 암기하는 것은 고역스러운 일이다. 그런데 순장반이라고, 순장들과 함께 한 주에 한 번씩 만나 순모임에서 순장들이 순원들과 나눌 성경 말씀을 미리 공부하는 시간에 요절 암송을 한다. 요절을 못 외우면 벌금이 천 원이다. 순장반에는 특별 제도가 있다. 한 학기 요절 암송 벌금을 만 원에 할인(?)해주는 제도다. 학기 초에 만 원만 내면 요절 암송으로부터 자유롭다(웃음).

기억력이 약하다 보니 성경 내용은 알겠는데, 그것이 몇 장 몇 절인지를 잘 모른다. 그런데 감사하게도 하나님이 성경 검색 프로그램을 개발해 주셨다. 찾고자 하는 단어 한두 개만 넣고 검색하면, 그 단어가 포함된 구절을 찾아주니 얼마나 좋은지 모르겠다. 이 프로그램이 내 노트북과 스마트폰 안에 다 있다.

연약함은 도구나 기구나 프로그램으로 보완할 수 있으면 그렇게 하면 된다. 안경이나 콘택트렌즈, 보청기, 의족이나 의수, 휠체어와 전동 휠체어 등도 훌륭한 도구다. 스마트폰도 유용한 도구다. 외국인과 스마트폰을 사이에 두고 서로 말하면, 스마트폰이 그것을 두 사람 나라말로 즉석에서 통역해주는 세상이다.

연약함은 사람의 도움을 받아 보완할 수도 있다. 외국어가 안 되는 사람은 통번역자의 도움을 받아 외국어를 하지 못하는 것을 보완할 수 있다. 비서를 두고 참모를 두는 것도 사람을 통해 도움을 받는 방법 중 하나다. 추진력은 있는데 세밀하게 그것을 챙기지 못한다면, 그것을 보완해 줄 참모나 직원을 채용하면 된다. 무서워 운전을 못 하겠다면, 대중교통을 이용하거나 형편이 되면 기사를 두면 된다.

그의 연약함을 도울 힘이 당신에게 있다

사람의 연약함은 도와야 한다. 당신의 눈에 다른 사람의 연약함이 보였다면, 어쩌면 그것이 당신에게는 강함일 수 있다. 당신에게 그 연약함을 도울 힘이나 돈이나 재능이 있다는 방증일 수 있다.

사람은 도움을 주고받으며 사는 존재다. 앞서 살펴본 대로 하나님이 만드시기를 그렇게 만드셨다. 스스로, 혼자서 살도록 만드시지 않았다. 서로 도우며 살도록 하나님이 사람을 창조하셨다. 사람이 타락하기 이전부터 사람은 사람의 도움을 받아야 하는 존재였다.

우리가 누군가에게 도움을 받을 때, 감사함으로 받아야 한다. 도움받는 것을 힘들어하지 않았으면 좋겠다. 도움받는 것으로 자존심이 상했다는 이들도 있다. 사람은 사람으로 살 때 행복하다. 사람은 연약한 것이 있고 그 연약한 것은 도움을 받아야 한다. 염소는 태어나면 바로 제 발로 걸어 다니며 어미젖을 빨아 먹지만, 사람은 태어나서 누구라도 도와주지 않으면 죽을 수밖에 없다. 태어날 때부터 도움이 없으면 생존이 불가능한 존재가 사람이다.

이 세상에 있는 사람은 그 누구라 할지라도 받아야 할 도움이 있다. 스스로 모든 것을 다 해결하면서 살아갈 수 있는 사람은 없다. 서로 도와야 한다. 도움을 주고, 도움을 받아야 한다. 우리는 모두 도움을 받아야 할 연약함이 있고 또한 누군가를 도울 힘이 있다.

사람을 만날 때마다 우리는 늘 내가 도와야 할 것이 무엇인지를 찾아야 한다. 우리가 만나는 사람은 그가 누구라 할지라도 우리의 도움이 필요하다. 대통령을 만나고, 재벌회사 회장을 만나도 그가 우리에게 받아야 할 도움이 있고, 우리가 그에게 받아야 할 도움이 있다. 사람과 교제하면 연약함이 보일 것이다. 그것 때문에 실망하지 말라. 그 부분이 바로 우리 몫이다. 우리가 도와야 할 부분이다.

도울 때는 상대를 배려하라

경제적으로 어려운 상황은 어떤 사람에게는 연약함이고 어떤 사람에게는 부족함이다. 또 어떤 사람에게는 연약함도 부족함도 아니다. 상대가 연약함이나 부족함이라고 생각한다면, 우리는 형편이 되는 대로 도와야 하고 채워야 한다. 그러나 상대가 그렇게 생각하지 않는다면, 안타까워도 기다릴 필요가 있다.

경제적으로 연약한 사람을 도울 때는 그를 배려해야 한다. 그의 입장을 고려해야 한다. 한국교회가 헌금을 집행하는 원칙이 있다. '하나님께 영광, 헌금한 성도들에게 보람, 이웃에게 기쁨'이다. 세 번째 '이웃에게 기쁨'이란 당사자에게 기쁨이 되도록 집행한다는 의미다. 그래서 도움을 주는 일인 경우 교회로 불러 교인들 앞에서 전달하는 일을 지양한다.

선교사에게 차를 사주는 경우는 성도들이 다 참석한 가운데 따뜻한 박수로 격려하며 전달하지만, 보호아동이나 자립준비청년 학비는 공개적인 자리에서 주지 않는다. 개인적으로 찾아가 전달하거나, 온라인으로 통장에 입금해 준다. 도움을 받는 그를 향한 교회의 배려다.

도움을 받는 것은 감사한 일이지만, 공개적인 자리에서 자신이 보호아동이나 자립준비청년인 것을 드러내야 하는 것은 그의 입장에서는 고통스러운 일일 수 있다. 그의 친구가 교회 안에 없다는 보장도 없다.

누군가를 도울 때, 내 생각에 이것이 필요하고 이렇게 해주면 상대가 좋겠다고 생각하고 일방적으로 돕지 않도록 주의해야 한다. 상대의 입장을 배려해야 한다. 도와도 되는지 묻는 등 상대의 동의를 받는 과정도 필요하다. 도움받는 사람이 무시당했다고 느끼지 않도록 사려 깊게 도와야 한다.

지방에 있는 어느 교회를 도울 때였다. 우리교회는 오랫동안 그 교회를 돕는 일을 마음에 두고 있었다. 그러다 어느 날 하나님이 도울 마음과 재정을 주시고, 그렇게 할 수 있도록 뜻도 모아주셨다. 너무 기쁜 나머지 차를 몰고 그 교회를 찾아갔다. 그러고는 그 교회 목사님과 함께 예배당 건물을 보러 다녔다. 그러다 좋은 건물 하나를 발견해 그날로 계약까지 하고 신나게 서울로 올라왔다.

그런데 문제가 생겼다. 그 교회 성도들이 이것을 무시당한 것으로 받아들인 것이다. 교회를 이전하는 문제를 교인들과 의논도 하지 않고 일방적으로 결정했다고 그 교회 담임목사님에게 항의를 한 것이다. '아차' 싶었다. 워낙 오랫동안 그 교회가 우리 마음에 있었기 때문에 우리는 때가 되었다고 기쁜 마음으로 내려가 도운 일인데, 그만 그것이 그 교회 성도들을 무시한 것으로 비친 것이다. 전혀 그런 의도가 아니었지만, 결과적으로 교회를 돕는다고 한 일이 교인들 마음을 아프게 한 것이 되고 말았다.

이 교훈 덕에, 지금은 그렇게 하지 않는다. 지원할 마음이 있어도 교인들과 의논하고 교인들이 받겠다고 하면 연락을 달라고 하고 기다린다. 일방적으로 도와주면 간섭하는 것으로, 무시하는 것으로 비칠 수도 있다. 도울 때는 항상 도움을 받는 사람 입장을 생각해서, 그 입장에서 여러 가지를 살피고 배려해야 한다.

연약함 폴더를 정리하라

연약함 폴더 정리가 필요하다. 이것이 내 연약함인지, 아니면 내가 연약하다고 오해한 것인지, 살필 필요가 있다. 후자가 연약함 폴더 안에 있다면, 폴더를 옮길 필요가 있다. 그러면 마음을 덜 써도 된다.

자기 연약함 폴더 정리와 더불어 상대의 연약함 폴더 정리도 필요하다. 우리가 누군가를 향해 "도대체 이게 왜 안 돼"라며 힘들어하고 분노하는 그것이 그 사람의 연약함일 수 있다. 상대의 연약함을 그 사람의 죄나 잘못으로 여기지 않으려면, 이 작업이 필요하다. 시켜도 하지 않는 것이 아니라 그는 그것을 할 수 없어 하지 않은 것일 수 있다. 이게 정리되면, 더는 그를 향해 화를 내지 않을 수 있다. 연약함은 연약함으로 보기만 해도 관계가 상할 일이 많이 줄어든다.

FOR A RELATIONAL HAPPINESS

사람과의 관계를 아름답게
02_ 부족한 것은 채워주라

사람은 태어날 때, 필요한 모든 것을 다 갖고 태어나지 않았다. 사람은 사는 데 필요한 대부분을 이 땅에서 '현지 조달'한다. 하나님이 이렇게 디자인하셨다.

하나님은 사람을 창조하시기 전에 먼저 세상을 창조하셨다. 사람이 살 곳을 먼저 만드시고 사람을 만드셨다. 하나님이 만드신 세상은 사람이 살아가는 데 필요한 것들을 모아 놓은 대형 물류 창고다. 하늘의 해와 달과 별들을 비롯한 저 산의 나무들도 다 사람이 살아가는 데 필요하다. 산의 나무는 공기정화기고, 바다의 물은 정수기다. 하나님은 사람에게 이것을 살짝 알려주셨다.

> 내가 온 지면의 씨 맺는 모든 채소와
> 씨 가진 열매 맺는 모든 나무를 너희에게 주노니
> 너희의 먹을거리가 되리라. 창세기 1장 29절

하나님은 사람을 밥이 필요한 존재로 지으시고 밥을 준비해 주셨다. 물이 필요한 존재로 지으시고 물을 준비해 주셨다. 햇빛을 받아야 사는 존재로 사람을 지으시고 햇빛을 준비해 주셨다. 복이 필요한 존재로 사람을 만드시고 복을 주셨다. 하나님은 사람을 일이 필요한 존재로 지으시고 일을 주셨다. 쉼이 필요한 존재로 사람을 지으시고 쉼을 주셨다. 잠이 필요한 존재로 지으시고 잠을 주셨다.

사람에게는 부족한 것이 있다

우리는 '현지 조달'해야 할 많은 필요를 갖고 이 땅에 태어났다. 그래서 사람에게 필요한 것이 많다. 사람에게는 채워야 할 부족함이 있다. 부족한 것이 많다는 말과 필요한 것이 많다는 말은 같은 말이다.

사람에게는 부족함이 있다. 필요한 것이 있다. 사람은 때로 지식이 부족하고, 지혜가 부족하고, 상식이 부족하고, 돈이 부족하고, 시간이 부족하고, 생각이 부족하고, 경험이 부족하고, 힘이 부족하고, 은혜가 부족하고, 덕이 부족하고, 인내심이 부족하다. 이 중에 한두 가지가 부족한 사람이 있고, 여러 가지가 부족한 사람이 있다. 부족함이 있는 존재, 필요가 있는 존재가 사람이다.

사람에게 부족함이 있는 것은 정상이다. 우리는 모두 부족한 것이 있다. 이 사실을 인정하면 유익하다. "부족함이 없어야 하는데, 나는 왜 이렇게 부족할까." 이런 고민할 일이 사라진다. "사람인 나는 당연히 부족함이 있다. 나에게는 필요가 있다." 인정이 주는 자유가 있다. 이렇게 인정하고 자신의 부족함을 바라보면, 그것이 자신이 사람인 증거로 보인다. 사람이 사람인 것으로 인해 슬퍼할 이유는 없다. 사람이 사람인 것으로 인해 힘들어할 이유가 없다.

부족함은 연약함과 비슷하다. 그게 그거 같다. 그래서 이 둘을 혼동하기도 한다. 연약함은 안고 가야 하고 부족함은 채워야 한다. 부족함을 연약함이라고 생각하면, 채울 생각이나 노력은 하지 않고 들키지 않으려고 애만 쓸 수 있다. 부족함이 연약함이 되지 않도록 주의할 필요가 있다.

우리는 채울 부족함을 안고 태어났다. 부족함은 채우라고 있는 거다. 채우면 된다. 이것을 모르는 사람은 자신의 부족함 때문에 스스로 힘들어하고, 다른 사람의 부족함을 무시하고 비난할 수 있다. 부족함 때문에 자신감을 상실하고 열등감을 갖고 살 수 있다. 반면 이 땅에서 조달해야 하는 필요를 갖고 태어났다는 사실을 아는 사람은, 자신의 부족함도 채우고 다른 사람의 부족함도 채우며 산다. 부족함을 어떻게 인식하느냐에 따라 발전과 퇴보가, 행복과 불행이 나뉜다.

부족함의 유익이 있다. 부족한 것은 우리로 하여금 그것을 채울 마음을 갖게 하고, 채우기 위한 노력을 하게 한다. 시편 기자는 "사슴이 시냇물을 찾기에 갈급함 같이 내 영혼이 주를 찾기에 갈급하다"고 고백했다. 물이 부족한 것을 아는 사슴이 시냇물을 갈급하게 찾은 것처럼 부족함을 아는 사람은 그것을 채우기 위해 여러 가지 시도를 한다. 그것이 우리 삶을 발전시키고 풍성하게 한다.

부족함은 느껴야 채울 수 있다

필요를 채우기 위해서는 필요를 느껴야 하고, 부족함을 채우기 위해서는 부족함을 느껴야 한다. 부족함을 다 느끼는 것은 아니다. 부족하지만, 부족하다는 것을 느끼지 못하는 사람도 있다. 부족함을 느끼지 못하면, 부족함을 모르니 오히려 마음 편하게 살 수 있지 않느냐고 반문할 수 있다. 그렇게 생각할 수 있다. 그러나 부족함을 느끼지 못하면, 부족함을 채우려는 갈망도, 노력도 없다. 당연히 채움도 없다. 부족함을 채우려면 부족함을 느낄 수 있어야 한다. 필요를 느껴야 한다.

부족함을 느끼는 우리는 지식의 부족을 공부로 채우고, 돈의 부족을 성실로 채우고, 기운의 부족을 밥으로 채우고, 체력의 부족을 운동으로 채우고, 영혼의 부족을 예수로 채우고, 마음의 부족을 말씀으로 채우고 있다.

창세기에 하나님이 사람의 부족함을 채워주시는 장면이 나온다. 아담 혼자로는 부족했다. 하나님은 혼자로는 부족한 아담을 위해 배필을 지으셨다. 하나님은 아담의 부족함을 하와로 채우셨다. 사람에게는 사람으로 채워야 할 부족함도 있다.

합쳐서 100점

오래 전, 나는 사람은 원래 하나님 보시기에 심히 좋은 존재로 창조되었다는 사실만 주목했다. 사람이 하나님 보시기에 안 좋게 된 것은 죄를 지어서라고 생각했다. 그런데 어느 날, 성경을 읽으며 깨달았다. 사람이 죄를 짓기 전에도 사람이 하나님 보시기에 좋지 못한 때가 있었다. 아담이 혼자 있을 때다. 그래서 하나님은 하와를 창조하셨다. 아담과 하와 둘이 하나가 되자 하나님 보시기에 심히 좋았다. 혼자는 그다지 좋은 점수를 받지 못했는데, 둘이 합치니 100점이 된 거다.

이 말씀을 묵상하다 감동했다. '아, 사람은 혼자서는 하나님 보시기에 좋은 존재가 아니구나. 혼자 온전할 수 없구나. 사람은 혼자 100점을 맞을 수는 없구나. 둘이 합쳐야 100점을 받는 거구나.' 이것을 깨닫는 순간, 가슴이 벅차올랐다. '이 얼마나 기쁜 소식인가. 그렇다면 한 번 살아볼 만한 세상 아닌가. 우리가 대인관계에서 그렇게 힘들어할 이유가 없지 않은가. 좋은 점수를 둘이 함께, 셋이 함께 받으면 되는 것 아닌가.'
성경이 그토록 하나 됨을 강조하는 이유도 알 것 같았다. 사람은 누구나 홀로 온전할 수 없다. '나'는 온전할 수 없으나 '우리'는 온전할 수 있다.

하나님 보시기에 좋은 가정, 좋은 교회가 되는 비결도 이 안에 있다. 우리가 제각각 100점을 받으려고 하면 좋은 가정이 될 수 없다. 좋은 교회가 될 수 없다. 좋은 가정은 합해서 100점을 맞으려는 가정이다. 둘이 합해 100점, 셋이 합해 100점, 이 얼마나 쉬운 일인가.

내가 보는 많은 사람들의 점수가 80점, 90점이다. 거기다 내가 10점, 20점만 보태면 100점이다. 아무리 점수를 짜게 준다 해도 대부분의 사람은 50점은 넘는다. 둘이 합하면 금세 100점이 된다. 셋이 합해 100점이 되는 것은 더욱 쉬운 일이다.

그러나 현실은 그 반대인 경우가 많다. 사람이 많아지면 많아질수록 100점을 맞는 것이 어렵다. 그것은 합쳐서 100점을 받으려고 하기보다 각각 100점을 받으려고 하기 때문이다. 모자라는 부분을 내가 채워 100점을 만들기보다 너는 30점이 모자란다, 너는 15점이 모자란다, 45점이나 모자라는 네가 어떻게 그 일을 할 수 있느냐고 힐난하기 때문이다. 이렇게 되면 서로 힘들어진다. 좋은 공동체가 되지 못한다.

내가 만난 사람들의 점수는 훌륭하다. 90점, 95점인 사람도 많다. 그러나 지금껏 100점인 사람은 만나지 못했다. 혼자 받을 수 있는 점수의 한계가 있다. 홀로 90점을 받은 사람에게 조금 더 노력해 100점을 받으라고 하면 안 된다. 그 10점은 내가 채워야 할 내 몫이다. 우리는 결코 혼자 100점을 받을 수 없다. 사람은 처음부터 합해서 100점을 받도록 만들어졌다.

이런 사실을 깨달은 후로는 만나는 이가 70점이면 신이 난다. '와, 내가 30점만 보태도 우리는 100점이 되네.' 내 점수가 60점 혹은 70점이 되어도 실망하지 않는다. 내가 만날 사람들이 그 부족한 점수를 채워 100점이 될 것을 믿기 때문이다.

이제 더는 홀로 100점 받으려는, 할 수도 될 수도 없는 일을 위해 뛰지 않는다. 합쳐서 100점 받으면 된다. 둘이면 둘이 함께 100점, 셋이면 셋이 함께 100점…. 이 생각을 하니 나와 함께하는 사람들이 얼마나 귀한지 모르겠다.

어리석은 시절을 보낼 때는 만나는 사람마다 100점짜리를 만들려고 했다. 그 사람의 점수가 95점이어도 나머지 5점을 채워 100점이 되라고 했다. 그래서 끊임없이 그 5점을 지적하고 그 5점을 비판했다. 그 모자라는 부분이 내 몫임을 몰랐기 때문이다. 그걸 내가 채워 100점을 만들 생각을 하지 못했기 때문이다.

이제 비밀을 알았다. 우리는 홀로 100점을 받을 수 없는 존재다. 홀로 100점을 받는 것은 한 점 죄 없는 아담도 하지 못한 일이다. 아담과 하와 둘이 합해서 100점을 받았다. 사람이 많으면 많을수록 100점 받기는 쉬워진다. 이 얼마나 신나고 행복한 일인가. 합쳐서 100점을 받으면 행복하다.

내가 채워 100을 만들 나의 배우자

결혼도 10쯤 부족한 사람과 하면 행복하다. 100인 남편감을 찾고, 100인 아내감을 찾으려고 하는 것은 미안하지만 바람을 잡으려는 수고다. 세상에는 그런 사람 없다. 한 자매가 남자를 만났다. 교제를 해보니 다 좋은데 A가 부족하다. 다른 남자를 만났다. 그는 A는 충분한데 B가 부족하다. 또 다른 남자를 만났다. 이 남자는 A와 B는 다 채워졌는데 아쉽게도 C가 부족하다. 미리 말하지만, 네 번째 남자를 만날 필요 없다. 만나도 마찬가지다. 그렇다고 세 남자를 모아 한 남자로 만들 수 있는 것도 아니다.

100인 남편감을 찾지 말고, 내가 10을 채워 100을 만들 남편감을 찾아야 한다. 이것은 사람을 뽑을 때도 마찬가지다. 100인 직원이 아니라 내가 10을 채워 100이 될 수 있는 직원을 뽑아야 한다. 담임목사를 청빙할 때, 장로를 세울 때, 대통령을 뽑고 국회의원을 뽑을 때도 마찬가지다.

어떤 사람은 100인 남편을 찾다 못 찾으면 일단 부족함이 있는 남자와 결혼한다. 그러고는 끊임없이 100인 남편을 요구한다. 100인 남편이 될 것을 요구한다. 이런 아내와 사는 남자는 불쌍하다. 비운의 주인공이다. 이 남자는 집에 들어가는 것이 괴롭다. 퇴근하고 아파트 주차장에 도착해서도 선뜻 차문을 열고 나오지 않는다. 어떻게 해서라도 집으로 가는 시간을 최대한 늦추려 한다. 입장을 바꿔 남편이 아내에게 이렇게 하면 그 아내는 사는 게 얼마나 힘들까.

신랑과 신부가 서로의 부족함을 인정하고 그것을 채워주겠다고 피차 고백하고 결혼하면, 그 집은 천국의 모델하우스다. 결혼 전에 몰랐다면, 지금 알고 지금부터 하면 된다.

우리 곁사람의 부족함 중 내가 채워줘야 할 몫이 있다. 우리는 곁에 있는 사람을 바라보면서 내가 10을 채워 100을 만들 '궁리'를 해야 한다. 상대에게서 부족함이 드러나면 '아, 이거구나' 하고는 바로 채워야 한다. 연약한 것을 도울 때와 마찬가지로 부족함을 채울 때도 상대를 배려해야 한다. 사려 깊은 마음과 태도로 채워줘야 한다. 상대가 마음 상하지 않을 뿐만 아니라 기쁨이 되도록 채워줘야 한다.

다른 사람이 채울 나의 부족함이 있다

사람에게는 부족함이 있고 이 부족함은 채움이 필요하다. 우리는 이 부족함을 부지런히 채우고 있다. 그럼에도 불구하고 사람에게는 스스로 채울 수 없는 부족함이 있다.

이 부족함은 사람마다 다르다. 100이 다 채워진 상태라면 어떤 사람은 30, 어떤 사람은 50, 어떤 사람은 10이 부족하다. 사람이 아무리 애써 채워도 5는 부족하다. 이게 사람이다. 나의 5는 다른 사람이 채우고, 다른 사람의 5는 내가 채우며 사는 게 인생이다. 이 5를 서로 채워주려고 하는 집에는 행복이 넘치고, 이 5를 마저 채우라고 요구하는 집에는 다툼이 끊이지 않는다.

사람은 스스로 100일 수 없는 존재다. 부족한 것이 있고, 빈 것이 있고, 모자람이 있는 것이 사람이다. 이 당연한 사실을 당연한 것으로 받아들이지 않고, 그 5마저 스스로 채우겠다는 불가능에 도전하는 사람이 있다. 차라리 히말라야 14좌 완등에 도전할 것을 권한다. 어렵지만 그래도 이것은 가능한 일이기 때문이다. 5를 마저 채우겠다는 사람의 피곤함과 고단함은 이루 말할 수 없다.

지식도 5쯤은 부족한 채로 살면 마음 편하다. 백과사전 전체를 외운다 해도 상식을 다 알 수는 없다. 백과사전과 상식 사전의 도움을 받으면 된다. 요즘은 검색 사이트에서 웬만한 상식은 바로 검색이 가능하다. 5쯤은 이런 것들의 도움을 받아서 채우면 된다.

우리 삶에서 5쯤 부족한 것을 인정해야 다른 사람이 채울 몫이 있다. 조금도 틈이 없는 완벽한 사람이 되려고 할 필요 없다. 그렇게 하려고 한다고 해서 될 일도 아니다. 사람은 틈이 있을 수밖에 없다. 사람은 사람을 좋아한다. 기계와 마주 앉아 있다고 생각했는데, 어느 순간 그가 기계가 아닌 사람인 것을 확인하면 반갑다.

나의 5쯤의 틈은 함께하는 사람들이 메워줄 몫이다. 완벽한 사람이 아니라 5쯤 부족한 사람임을 인정하고 고백하면 행복하다. 부족함을 감추지 않아도 되니 좋고, 부족함을 상대가 채워주니 좋다.

내가 채우고 남은 부족함은 다른 사람이 채운다

사람의 부족함을 채울 때, 나 혼자 상대의 모든 부족함을 다 채울 수 없다. 한 사람이 한 사람의 부족함을 다 채울 수 없다. 그 부족함 가운데 내가 채워야 할 몫이 있고 다른 사람이 채워야 할 몫이 있다. 다 채워줘야 한다는 부담은 내려놓아도 된다. 내가 채우고 남은 부족함은 또 다른 사람이 채워준다.

아내를 너무나 사랑하는 남편이 아내의 모든 것을 채워주겠다고 나서면 말려야 한다. 뜻은 좋지만 그럴 수 없다. 아무리 남편이 잘해줘도 아내에게는 남편이 채워줄 수 없는 부족함이 있다. 남편들은 이것 때문에 힘들어하지도, 마음 상하지도 말아야 한다. 아내에게는 친구가, 이웃이, 동창이, 교우가 채워줘야 할 부족함이 있다. 사람의 부족함 중에는 부모가 채워줘야 할 부족함도 있지만, 친구가 채워줘야 할 부족함도 있다.

채움은 타이밍이다

우리는 하나님이 아담의 부족함을 하와로 채우실 때 거친 과정과 타이밍을 주목한다. 하나님이 바로 여자를 창조하셔도 될 것 같은데 하나님은 그렇게 하지 않으셨다. 하나님이 그전에 거친 과정이 있다.

하나님은 아담에게 짐승들의 이름을 지으라고 하셨다. 아담은 순종했다. 아담은 그 많은 짐승의 이름을 지었다. 이름을 짓기 위해서는 각 짐승의 특징을 살펴야 한다. 이 과정을 통해 아담은 모든 짐승이 다 짝이 있는 것을 발견했다. 다 짝이 있는데 자신만 짝이 없는 것을 알았다. 아담은 배필이 없는 자신의 부족함을 알고, 배필의 필요성을 절감했다.

짐승의 이름 짓는 과정을 거친 후에 비로소 하나님은 아담을 위해 하와를 창조해 주셨다. 하와를 본 순간 아담은 "이는 내 뼈 중의 뼈요 살 중의 살이라"고 고백했다. 부족함을 느끼는 과정과 배필의 필요성을 절감하는 과정을 거쳤기에 나온 고백이다. 만약 이 과정을 생략했다면, 아담은 하와를 보고 멀뚱멀뚱하면서 "하나님, 이게 뭐예요?" 했을지 모른다. 하나님이 그와 같이 살라고 하실 때, 아담이 왜 내게 짐을 안기느냐고 했을지도 모른다.

하나님은 아담으로 그에게 부족한 것이 무엇인지, 그 부족함을 알고 느끼도록 한 후에 그 부족함을 채워주셨다. 우리가 누군가의 부족함을 채워줄 때 더디더라도 이 과정을 거쳐야 한다.

당사자는 부족함을 느끼지 못하고, 필요성을 느끼지 못하는데 그것을 부모가 느끼고, 어른이 느끼고 이건 좋은 것이고, 필요한 것이라며 채워주는 경우가 종종 있다. 내가 보기에 아무리 필요한 것이라 할지라도 당사자가 그 필요를 느끼기 전에 그것을 채우라고 하면 상대는 힘들어한다. 내가 서둘러 채워줘도 감동이 없다. 자녀들에게 공부의 필요성을 느끼게 해주고 그 후에 그 필요를 부모가 채워주는 것이 순서다. 그러나 많은 경우 이 과정을 알면서도 순서를 바꿔 자녀를 학원으로 보내고, 과외시키는 안타까움이 부모들에게 있다.

필요가 찼을 때 채워주라

돕는 일을 하면서 깨달은 게 있다. 언제 도와야 하는가? 필요가 찼을 때다. 이때 도와주면 감격한다. 본인이 부족함을 느끼고, 필요를 느끼고 사모할 때 그 부족함을 채워주면 그는 춤을 춘다. 감격의 눈물을 흘린다.

말레이시아 밀림 속 원주민들을 대상으로 사역하는 한 선교사가 밀림에 사는 원주민들로부터 유치원을 지어달라는 간절한 요청을 받았다. 이 요청을 받고도 몇 년을 미루던 선교사가 그들이 불쌍해서 더는 거절하지 못하고 유치원을 세우기로 했다. 말이 유치원이지 탁아소다. 유치원을 시작하기로 마음을 정하고 나니, 이번에는 재정이 문제였다. 이 선교사는 눈물로 하나님 앞에 앉아 기도했다. 하나님께 밀림 속 원주민들의 간절한 소원을 들어달라고 기도했다. 그때 한 교회가 전화해서, 혹 기도하고 사모하는 일이 있느냐고 물었다. 당연히 그는 밀림 속 원주민들을 위한 유치원 이야기를 했다. 그 교회는 그 일에 필요한 재정을 지원하기로 했다. 이 소식을 들은 선교사는 울면서 감격했다.

그러나 유치원의 필요성을 느끼지 못한 선교사에게 동일하게 전화해서 밀림 속에 유치원 하나 세우라고 하면, 그는 감격의 눈물을 흘리는 대신 부담스러워할 수 있다. 감동이 아니라 그것이 일로, 짐으로 느껴질 수 있다.

나도 이것을 깨닫기 전에 실수한 적이 있다. 상대는 부족함도, 필요성도 느끼지 못하는데 내가 느낀 부족함, 내가 느낀 필요에 따라 이런저런 지원을 한 적이 있다. 우리교회가 느낀 그 교회의 부족함, 그 교회의 필요를 일방적으로 채워준 경우다. 자녀에게 보충학습이 필요하다고 느낀 부모가 자녀를 학원에 등록시키고 과외교사를 붙여준 것과 같다. 그런데 정작 그 교회는 그런 부족함을, 그런 필요를 느끼지 않고 있었다. 이것을 모르고 개척하는 교회를 지원할 때, 패키지로 지원한 적이 있었다. 홈페이지 도메인을 신청해서 홈페이지를 만들어주고, 전도지를 제작해주고, 교적 프로그램을 구입해 지원했다. 왜냐하면 우리 경험에는 이것이 교회에 필요했기 때문이다.

그런데 나중에 홈페이지 관리를 짐으로 여기는 교회가 있고, 많은 돈을 들여 사준 교적 프로그램을 사용하지 않는 교회가 있는 걸 알았다. 이 일을 계기로 우리가 알아서 미리 채워주기보다 필요가 차면 그때 채워주기로 했다. 지금은 패키지 지원을 하지 않는다. 그 교회가 필요를 느껴 사모할 때, 곧 필요가 찼을 때 지원한다.

필요를 확인하고 채워주라

전도하려고 하는데 전도지가 부족하다. 전도지가 너무너무 필요하다. 이런 교회에 전도지를 지원하면 전도지에 감격한다. 춤을 춘다. 그러나 내 생각에 전도가 중요하고 전도지가 필요하다고 해서 전도지를 제작해 보내면 시큰둥한 반응을 보이고 오히려 부담스러워한다. 그래서 이런 일을 섬길 때는 제작비의 일부를 해당 교회가 부담하게 한다. 우리가 다 부담할 수 있지만 필요성을 확인하기 위해, 이렇게 한다.

가끔 교회에서 교역자들에게 책을 사줄 때가 있다. 내가 읽고 이것은 목회에 필요하겠다, 교역자들에게 필요하겠다고 느껴 책을 사준 적도 있다. 나중에 안 사실이지만, 그것은 나의 필요지 우리 교역자 모두의 필요는 아니었다. 지금은 설혹 내가 어떤 책을 읽고 필요성을 느꼈더라도 교역자들의 필요를 확인하는 과정을 거친다. 방법은 간단하다. 책을 소개하고 그 책값의 일정 부분을 교회가 지원한다는 옵션을 제시한다. 그러다 책값 전액을 다 지원하는 경우도 있지만, 일반적으로는 그중에 일정액만 지원한다. 필요성을 확인하기 위해서다.

필요는 정당한 방법으로 적당하게 채워야 한다

사람이 부족함을 느끼고, 필요를 느끼고 그것을 채우려고 하는 것은 정상적인 일이다. 좋은 일이다. 그러나 그것이 과하면 안 된다. 이것이 과한 상태가 탐심이다. 자신의 부족함을 지나치게 많이 채우려고 하면 이것이 탐심이다. 부족함은 적절히 느끼고, 그 채움 역시 적절해야 한다. 양적으로 적절하고, 방법적으로도 적절해야 한다. 30만큼 부족한데 300만큼 채우려고 하면 그것은 욕심이다.

하나님이 허락하신 방법으로 부족함을 채우고 필요를 채워야 한다. 하나님이 정하신 방법이 아닌 것으로 부족함을 채우겠다는 것이 행동으로 옮겨지면 도둑질이다. 하나님은 "네 이웃의 것을 탐하지 말라, 남의 아내를 탐하지 말라, 도둑질하지 말라"고 말씀하신다. 남의 사람이나 남의 것을 빼앗아 자신의 부족을 채우지 말라는 말이다. 필요는 정당한 방법으로 채워야 한다.

사람에게는 위(胃) 말고도 채워야 할 것들이 있다

사람에게는 여러 사람에 의해 채움받아야 할 다양한 부족함이 있다. 또한 사람은 정서적으로, 육체적으로, 영적으로, 경제적으로, 문화적으로, 지식적으로 채워야 할 다양한 부족함이 있다. 다양한 필요가 있다. 먹고살 만하니까 하는 배부른 소리가 아니다. 사람에게는 위(胃) 말고도 채워야 할 마음이 있고 정서가 있다.

예수 믿는 사람에게도 영적 필요 외에도 필요가 있다. 예수 믿는 사람도 위가 비면 배고프기는 마찬가지다. 사람에게는 하나님이 주시는 은혜로 채워야 할 마음도 있지만, 하나님이 주신 밥으로 채워야 할 위도 있다. 예수님을 사랑하는 아내도 가끔은 근사한 식당에서 남편과 함께 멋진 식사를 하고 싶은 정서적인 필요를 느낄 때가 있다. 세계 선교가 비전인 남편에게도 가족과 함께 여행을 떠나고 싶은 정서적인 필요가 있다. 모든 것을 영적인 것으로 다 채우려고 하거나, 채우라고 해서는 곤란하다.

때로 어른에게도 장난감이 필요하다

장난감, 이것은 어린이들에게만 필요한 게 아니다. 어른도 장난감이 필요하다. 과하지만 않으면, 형편이 되면 어른도 장난감을 장만해주는 것이 필요하다. 아내에게 장난감이 필요하고, 남편에게 장난감이 필요하다는 사실을 이해만 해줘도 부부 사이가 많이 좋아진다.

아이들은 카메라 모형을 가지고 놀지만, 어른은 카메라를 가지고 논다. 어린아이는 장난감 전화기를 들고 놀지만, 어른은 스마트폰을 가지고 논다. 어린이는 색종이로 접은 가방을 들고 놀지만, 어른은 가죽으로 만든 가방을 들고 논다.

어른은 장난감을 장난감이라고 말하지 않는다. 필수품이라고, 기호품이라고 말한다. 장난감이라는 말은 전혀 하지 않으며 장난감의 필요를 아주 논리적으로 설명한다. 그것이 왜 필요한지를 아주 구체적으로 이야기한다. 시대에 뒤떨어지지 않기 위해서라고 하는데, 그 말도 맞다. 하지만 그 속에는 새로운 장난감을 갖고 싶은 마음이 들어 있다. 배우자의 장난감을 기쁜 마음으로 흔쾌히 사줄 필요도 있다. 장난감 사서 차 트렁크에 싣고 다니게 하지 말아야 한다. 카메라 렌즈 사다 책장 뒤에 감추지 않게 해야 한다. 과하지만 않다면, 기분 좋게 사줄 가치가 있다. 거기서 밥이 나오냐고 핀잔주지 말고, 장난감의 필요를 인정해주는 것이 필요하다. 엄마가 사준 장난감 들고 친구네 집으로 달려가는 아들이나, 아내가 사준 카메라 들고 스트릿 포토그래퍼라도 된듯이 스트릿샷 찍으러 가는 남편이나 사랑스럽기는 마찬가지 아닌가. 장난감 하나 사주고 그것 하나 가지고 평생 놀라고 하면 무리다. 장난감은 적당한 주기로 바꿔줄 필요가 있다.

사람이 채울 수 없는 부족함도 있다

하나님은 우리의 부족함을 채워주시는 분이다. 하나님은 우리가 부족한 존재임을 아신다. 사람을 만드신 분이니 얼마나 잘 아시겠는가.

하나님은 우리에게 부족하면 "내게 구하라. 그러면 내가 채워주겠다"고 하신다. 하나님께 구하면 하나님이 직접 주시기도 하지만 많은 경우 사람을 통해서 주신다.

사람에게 부족함을 채워달라고 했다가 거절당하고 힘들어하는 것보다 하나님께 부족함을 채워달라고 구하고 사람을 통해서 채워주시는 하나님을 경험하는 것이 좋다. 하나님께 구하고 기다리면 사람이 와서 뭐가 필요하냐고 묻는 전율을 경험한다.

하나님은 우리가 이 세상을 살아가는 데 꼭 필요한 지혜, 우리 인생의 원천인 지혜를 구하면 주시겠다고 약속하셨다. "너희 중에 누구든지 지혜가 부족하거든 모든 사람에게 후히 주시고 꾸짖지 아니하시는 하나님께 구하라. 그리하면 주시리라(약 1:5)." 지혜가 부족하다고 한탄하고 앉아 있는 것은 너무 안타까운 일이다. 구하면 주시겠다는 하나님이 계시는데, 계속 자신 안에 지혜 없음만 바라보고 탄식하며 인생을 허비해서는 안 된다. 지혜를 받으면 따라오는 것이 있다. 얼마나 좋은 것들이 따라오는지 성경에서 확인해 보라.

지혜의 오른손에는 장수가 있고 왼손에는 부귀가 있다. 지혜의 길은 즐거운 길이고 그의 지름길은 다 평강이다. 지혜는 그 얻은 자에게 생명나무다. 지혜를 가진 자는 행복한 사람, 행복자다.

하나님은 부족함을 들고 나와 구하는 자에게 그 부족함을 채워주신다. 그것을 비난하거나 야단치지 않고 채워주신다. 부족함을 들고 하나님께 나갔던 사람들은 한결같이 부족함이 없다고 고백한다. "여호와는 나의 목자시니 내게 부족함이 없으리로다(시 23:1)." "너희 성도들아 여호와를 경외하라. 그를 경외하는 자에게는 부족함이 없도다(시 34:9)." "젊은 사자는 궁핍하여 주릴지라도 여호와를 찾는 자는 모든 좋은 것에 부족함이 없으리로다(시 34:10)." 하나님이 채워주셔서 그렇다.

여기서 중요한 사실 하나를 정리하고 가자. 사람에게는 사람이 채워줘야 할 부족함이 있는가 하면, 하나님이 채워주셔야 할 부족함이 있다.

사람에게는 사람이 채울 수 없는 부족함이 있다는 말이다. 그 부족함은 하나님으로 채워야 한다. 하나님이 채워주셔야 한다. 그 부족함은 하나님으로 채우고, 예수로 채우고, 성령으로 채워야 한다. 하나님만이 채워주실 수 있는 부족함을 스스로 채우려 하거나 다른 사람으로 채우려고 하는 것은 안타까운 일이다. 지금도 이 땅에는 하나님이 채워주셔야 할 부족함을 하나님이 아닌 다른 것으로 채우려고 시도하며 여전히 공허한 채 사는 이들이 있다.

이스라엘 백성이 범하였던 두 가지 죄가 있다.

내 백성이 두 가지 악을 행하였나니
곧 그들이 생수의 근원되는 나를 버린 것과 스스로 웅덩이를 판 것인데
그것은 그 물을 가두지 못할 터진 웅덩이들이니라. 예레미야 2장 13절

생수의 근원인 하나님으로 채워야 할 것을 스스로 웅덩이를 파서 채우려고 했던 우를 이스라엘 백성이 범한 것이다. 그들이 판 웅덩이는 물을 가두지 못할 터진 웅덩이다. 그들은 생수의 근원인 하나님을 버리고 스스로 웅덩이를 팠다. 그들은 그것으로 채움을 얻을 줄 알았지만, 터진 웅덩이를 채우려는 고단함과 피곤함만 그들에게 더했다.

사람의 마음은 밑 빠진 독 같다. 아무리 부어도 채워지지 않는. 붓는 순간 잠시 차는 것 같으나 이내 다시 비어버린다. 잠시 행복한 것 같고, 만족한 것 같고, 기쁜 것 같은데 이내 다시 허전해지고, 공허해진다. 우리 마음을 하나님으로 채우는 것은 그 밑 빠진 독의 밑을 막는 것과 같다. 그 밑 빠진 독의 밑을 막으면, 그다음에는 채워진다. 이전에 의미 없던 일이 의미 있게 된다. 이전에 허무한 일이, 무가치하던 일이 가치 있는 일이 된다. 사람 안에 있는 하나님의 자리가 하나님으로 채워질 때, 사람은 비로소 행복을 느낀다. 이래야 사람이 채워준 것도 의미가 있다. 이래야 자신이 채우고 다른 사람이 채워준 것이 제값을 한다.

우리의 부족한 것을 채워주시는 하나님은 우리에게도 다른 사람의 부족함을 채워주라고 하신다. 우리 가운데는 지금까지 살펴본 대로 5가 부족한 경우도 있지만 때로는 95가 부족한 긴급 상황도 있다. 이런 경우는 긴급하게 그 부족함을, 그 필요를 채워줘야 한다. 하나님의 손과 발이 되어 채우러 다니는 자의 기쁨은, 경험한 사람은 안다. 채워주면 채우시는 하나님을.

02_ 부족한 것은 채워주라

FOR A RELATIONAL HAPPINESS

사람과의 관계를 아름답게
03_ 허물은 덮어주라

허물은 죄의 다른 이름이다. 하나님은 사람을 위해 먹을 것을 충분히 준비하셨다. 하나님은 사람에게 그것을 마음껏 먹으라고 하시고 하나만 금하셨다. 동산 중앙에 있는 선악을 알게 하는 나무의 열매는 먹지 말라고 하셨다. 그러나 안타깝게도 처음 사람 아담과 하와는 그 나무 열매를 따 먹었다. 선악과를 따 먹은 사람에게 하나님은 말씀하셨다.

아담에게 이르시되 네가 네 아내의 말을 듣고 내가 네게 먹지 말라 한
나무의 열매를 먹었은즉 땅은 너로 말미암아 저주를 받고
너는 네 평생에 수고하여야 그 소산을 먹으리라.
땅이 네게 가시덤불과 엉겅퀴를 낼 것이라.
네가 먹을 것은 밭의 채소인즉 네가 흙으로 돌아갈 때까지
얼굴에 땀을 흘려야 먹을 것을 먹으리니
네가 그것에서 취함을 입었음이라.
너는 흙이니 흙으로 돌아갈 것이니라 하시니라. 창세기 3장 17-19절

하나님이 금하신 선악과를 따먹은 것은 사람의 허물이다. 허물은 죄의 다른 이름이다. 성경에서 죄와 허물은 같은 의미로 사용되고 있다.

그는 허물과 죄로 죽었던 너희를 살리셨도다. 에베소서 2장 1절
나의 죄악이 얼마나 많으니이까.
나의 허물과 죄를 내게 알게 하옵소서. 욥기 13장 23절
너희의 잘못과 죄들을 사하지 아니하실 것임이라. 여호수아 24장 19절
그가 그 범한 허물과 그 지은 죄로 죽으리라. 에스겔 18장 24절
허물의 사함을 받고 자신의 죄가 가려진 자는 복이 있도다. 시편 32편 1절
나의 허물을 찾으시며 나의 죄를 들추어내시나이까. 욥기 10장 6절
내 허물을 주머니에 봉하시고 내 죄악을 싸매시나이다. 욥기 14장 17절

야곱의 허물과 이스라엘의 죄를 그들에게 보이리라. 미가 3장 8절

너희의 허물이 많고 죄악이 무거움을 내가 아노라. 아모스 5장 12절

주께서 네 죄악을 벌하시며

네 허물을 드러내시리로다. 예레미야애가 4장 22절

사람에게 허물이 있다는 말은 사람에게 죄가 있다는 말이다. 우리가 만나는 사람, 우리가 관계를 맺는 사람 안에 죄가 있다는 말이다. 관계를 맺는 우리 자신에게 죄가 있고, 상대에게 죄가 있다. 우리가 관계를 맺을 때, 이 허물을 어떻게 해야 할까?

사람은 허물과 죄가 있다

사람에게는 허물과 죄가 있다. 타고난 죄가 있고, 살면서 지은 죄가 있다. 내가 지은 죄가 있고, 다른 사람이 지은 죄가 있다. 내가 다른 사람에게 지은 죄가 있고, 다른 사람이 내게 지은 죄가 있다. 그래서 사람은 죄인이다.

우리가 만나는 모든 사람에게서, 정도의 차이는 있을지 몰라도 모든 사람에게서 죄를 발견할 수 있다. 몸 안에 있는 죄가 있고 몸 밖에 있는 죄가 있다. 생각 속에 머물고 있는 죄가 있고 몸으로 나타난 죄가 있다. 죄가 있는 사람이 죄가 있는 또 다른 사람과 관계를 맺으며 사는 것이 인생이다.

03_ 허물은 덮어주라

이 죄를 어떻게 처리하느냐는 중요한 문제다. 대인관계뿐 아니라 이 세상을 떠난 후에 천국갈 것인지, 아니면 지옥갈 것인지가 바로 이 죄 문제를 해결했느냐, 하지 못했느냐에 달렸기 때문이다. 죄에 대한 처리는 필자의 『신앙생활설명서』 중에서 '회개와 용서' 부분을 참고하기 바란다.

하나님이 주신 허물 처리 지침이 있다

하나님은 우리에게 허물 처리 지침을 주셨다.

> 허물을 덮어주는 자는 사랑을 구하는 자요
> 그것을 거듭 말하는 자는 친한 벗을 이간하는 자니라. 잠언 17장 9절
> 미움은 다툼을 일으켜도
> 사랑은 모든 허물을 가리느니라. 잠언 10장 12절

허물에 대한 하나님의 처리 지침은 허물을 덮어주는 것이다. 허물이 있는 상태로 허물이 있는 사람과 관계를 맺는 우리는 "허물을 덮어주는 자는 사랑을 구하는 자"라는 말씀과 "사랑은 모든 허물을 가린다"는 말씀을 늘 마음에 새겨야 한다.

사람에게는 허물이 있다. 이 허물은 지금까지 앞서 살펴본 대로 죄다. 그런데 죄가 아닌 것을 허물이라고 여기는 경우도 있다. 죄는 아닌데 자신이 허물이라고 생각하는 것이 있고, 다른 사람이 허물이라고 여기는

것이 있다. 자신이 스스로 허물이 아닌 것을 허물로 만들고 그 허물에 눌려 사는 것은 안타까운 일이다. 혹이라도 이런 것이 있다면 허물 폴더에서 옮겨야 한다.

당사자가 부끄러워하는 것은 넓은 의미로 허물이다. 예를 들면 남편과 사별 후에 재혼했다. 이것이 죄인가. 아니다. 그런데 사람에 따라서는 이것을 허물이라고 생각할 수 있다. 학교를 다닌 적이 없어 글을 읽지 못하는 사람이 있다. 이것은 죄가 아니다. 그런데 어떤 사람은 이것을 자신의 허물이라고 생각하며 이를 부끄럽게 여긴다. 이것은 허물이 아니다. 연약함이나 부족함일 수는 있어도 허물은 아니다.

그러나 내가 생각할 때 허물이 아니라 할지라도 상대가 그것을 자신의 허물로 여기면, 우리는 그것을 허물로 다뤄줘야 한다. 그것이 무슨 허물이냐고, 그것은 허물이 아니라며 사람들 앞에 그 사실을 공개해서는 안 된다. 그 역시 가려주고 덮어줘야 한다. 첩의 소생이 있다. 첩의 자녀로 태어난 것이 죄인가. 아니다. 그러나 당사자는 이것을 자신의 허물로 생각할 수 있다. 이것을 부끄러워할 수 있다. 이럴 때 그것이 왜 당신의 허물이냐, 당신이 첩의 소생으로 태어나고 싶어 태어났느냐며 당당하게 밝히고 살라고 해선 안 된다. 내가 생각할 때는 그것이 허물이 아니라도 당사자가 허물이라고 생각하면 이것 역시 가려주고 덮어줘야 한다.

허물과 비밀은 밀접한 관계가 있다. 사람에게 허물이 있다는 말은 곧 사람에게는 비밀이 있다는 말이기도 하다. 사람들은 하나님 앞에서는 그 허

03_ 허물은 덮어주라

물을 다 드러내도 사람 앞에서는 허물을 감추고 싶어 한다. 이것은 지극히 정상적인 태도다. 사람들이 감추고 싶어 하는 은밀한 것이 비밀이다.

두루 다니며 한담하는 자는 남의 비밀을 누설하나니
입술을 벌린 자를 사귀지 말지니라. 잠언 20장 19절
두루 다니며 한담하는 자는 남의 비밀을 누설하나
마음이 신실한 자는 그런 것을 숨기느니라. 잠언 11장 13절

성경은 사람에게 비밀이 있음을 인정하고 그 비밀을 지켜주라고 한다. 성경은 신실한 자는 남의 비밀을 숨긴다는 말씀을 통해 비밀을 우리가 어떻게 다뤄야 할지를 가르쳐준다.

허물의 기준이나 비밀의 기준은 같다. 당사자가 부끄럽게 여기면 그것은 죄가 아니라도 허물이다. 허물이나 비밀 분류의 기준은 내가 아니라 당사자가 정한다. 성형수술을 받은 것이 비밀인 사람도 있고, 아닌 사람도 있다. 이것을 비밀로 분류한 사람도 있고, 그렇지 않은 사람도 있다.

비밀의 등급도 역시 내가 아니라 당사자가 정한다. 비밀도 1급이 있고, 2급이 있고, 3급이 있다. 내가 생각할 때 그것쯤이야 하는 것이 당사자에게 1급 비밀로 분류되기도 한다.

고아인 것이 비밀이 아닌 사람이 있다. 그러나 어떤 사람에게는 이것이 1급 비밀이다. 우리가 다른 사람의 비밀을 알게 될 때 해야 할 일은

그 비밀을 지켜주는 것이다. 허물을 덮어주고 허물을 가려주듯이 우리는 비밀을 그렇게 해줘야 한다.

다른 사람에게 비밀을 드러내라고 하지 말아야 한다. 그것이 무슨 비밀이냐고, 털어놓고 살라고 하는 경우가 있다. 물론 그렇게 해서 그것으로부터 벗어날 수도 있지만, 그 후에 더 어려워질 수도 있다. 허물이 아닌 것을 허물이라 하고, 비밀 같지 않은 것을 비밀이라고 하는 사람에게 우리가 할 일은 그것이 허물이 아님을 가르쳐주는 것이 아니라 그것을 가려주고 덮어주는 것이다. 그가 스스로 그것이 허물이 아닌 것을 깨닫고 더는 그것을 비밀로 여기지 않고 스스로 말할 때까지 우리는 덮어주며 기다려줘야 한다.

허물 중에는 자신이 과거에 지은 죄, 그러나 지금은 예수님의 은혜로 용서받아 없어진 것도 있을 수 있다. 이미 회개하고 용서받았으니, 이것은 허물도 죄도 아니다. 하지만 그것이 과거 일임에도 여전히 부끄럽고 감추고 싶은 것이 사람이다. 회개하지 않았기 때문에 그런 것이 아니다. 용서받지 못해서 그런 것이 아니다. 이미 회개했고, 용서받아서 그 죄로부터는 자유로워졌다. 그렇지만 그것이 사람들 앞에 드러나고 알려지는 것은 원치 않는다. 이것도 우리는 당연히 허물로 다뤄줘야 한다. 이미 다 용서받은 일인데 뭐가 문제가 되겠느냐며 그 이야기를 해서는 안 된다. 그것 역시 허물을 드러내는 것이다.

아버지의 허물, 셈과 야벳은 덮었다

허물과 관련한 내용이 나오면 떠오르는 사람이 있다. 노아와 그의 아들 함이다. 노아가 포도주를 마시고 취하여 그 장막 안에서 벌거벗고 누웠다. 그 아들 함이 아버지의 벌거벗은 모습을 보고 밖으로 나가서 두 형제에게 이야기했다.

"아버지가 벌거벗었어."

노아의 다른 아들 셈과 야벳이 옷을 취하여 자기들의 어깨에 메고 뒷걸음쳐 들어가서 아버지의 하체를 덮었다. 그들은 얼굴을 돌이켜 아버지의 하체를 보지 않았다. 노아는 술이 깬 후 함이 한 일을 알고 그를 저주했다.

> 가나안은 저주를 받아 그의 형제의 종들의 종이 되기를 원하노라.
>
> 창세기 9장 25절

아버지가 술에 취해 벌거벗고 누운 것은 분명한 사실이다. 함이 없는 이야기를 한 것이 아니다. 있는 사실 그대로를 형제들에게 말했다. 그런데 그에게 저주가 임했다.

아버지가 술에 취해 벌거벗고 누운 것은 허물이다. 그 허물을 덮은 두 아들이 있고, 그 허물을 형제들에게 말한 아들이 있다. 나에게는 이 결과가 선명하게 각인되어 있다. 성도들에게 설교하면서 다른 사람의 허물도 덮고 가려야 하겠지만, 특별히 부모의 허물은 책임지고 가리자고 호소한다. 이것은 사람의 본분이자 자녀의 도리다.

우리는 부모와 함께 살았다. 우리는 부모의 거의 모든 것을 안다. 다른 사람이 모르는 부모의 허물을 우리는 안다. 그 허물은 우리가 덮어야 한다. 부모의 허물이 드러나 부끄러움을 당하지 않도록 해야 한다. 부모의 허물을 드러내지 않고는 간증이 안 된다면 차라리 간증을 하지 말자. 부모의 허물을 드러내지 않으면 자서전을 쓸 수 없다면 차라리 쓰지 말자.

이것은 비단 부모에게만 적용되는 것은 아니다. 우리를 아는 사람들, 우리를 만난 사람들의 허물은 우리가 덮어줘야 한다. 가려줘야 한다. 우리와 교제하는 사람들에게 자기 허물을 덮어줄 것이라는 확신을 우리가 줘야 한다. 다투지 말아야 하겠지만, 혹 이웃과 다투는 일이 생기거든 그건만 가지고 다퉈야 한다. 그 사람의 은밀한 허물을 누설해서는 안 된다. 성경은 "너는 이웃과 다투거든 변론만 하고 남의 은밀한 일은 누설하지 말라"고 우리에게 가르친다.

상대의 허물을 덮어주지 않고 그것을 드러내고 비방하고 비판할 때 함께 나타나는 현상이 있다. 그것은 허물이 있는 자의 권위를 부정하는 것이다. 어쩌면 이것이 허물을 들어 비방하고 비난하게 하는 사단의 궁극적인 목적인지 모른다.

미리암과 아론은 허물을 허물이라고 말했다

이스라엘 백성들을 애굽에서 인도해 낸 지도자 모세가 구스 여자를 취했다. 구스 여자를 취한 일로 모세의 누이 미리암과 형 아론이 모세를 비방했다. 모세가 이방 여자를 취한 것은 잘못이다. 허물이다. 미리암과 아론은 틀린 것을 틀렸다고 말한 것이고, 잘못을 잘못이라고 말한 것이다. 허물을 허물이라고 말한 것이다.

미리암과 아론이 모세를 비방한 후에 이어 한 말이 있다.

여호와께서 모세와만 말씀하셨느냐.
우리와도 말씀하지 아니하셨느냐. 민수기 12장 2절

하나님이 모세에게 말씀하시면 모세가 그것을 미리암과 아론을 포함한 이스라엘 백성에게 전했다. 모세는 이 일을 위해 하나님이 세우신 선지자다. 그런데 미리암과 아론이 이것을 부정한 것이다. 하나님이 모세와만 말씀하시는 것이 아니라 우리와도 말씀하신다는 의미는 더 이상 모세를 통해서 하나님의 말씀을 들어야 할 필요가 없다는 의미다. 이 말은 하나님이 세우신 지도자인 모세의 권위를 부정하는 것이다. 지도자의 허물을 비방하면, 이내 그 권위를 부정하는 것으로 이어진다.

허물 때문에 지도자의 권위를 부정하고 무시한 사람은 비단 미리암과 아론만은 아니다. 오늘도 이 일은 계속되고 있다. 허물이 있는 사람의 권위는 인정하지 않아도 된다는 생각을 우리는 은연중에 하고 있는지 모른다. 부모의 권위를 인정하지 않는 사람들이 그 근거로 제시하는 것이 부모의 허물이다. 직장 상사의 권위를 인정하지 않는 사람이 제시하는 근거 역시 그 상사의 허물이다. 정치 지도자의 권위를 인정하지 않는 근거 역시 지도자의 허물이다. 남편의 결정권을 인정하지 않는 아내가 제시하는 근거 역시 남편의 허물이다. 그래서 사람들은 권위를 인정하지 않는 자신을 정당화하기 위해 더욱 큰 소리로 지도자의 허물을 드러내고 있는지 모른다.

허물이 있는 사람은 무시해도 되는가. 허물이 있는 지도자의 결정권은 인정하지 않아도 되고, 그의 지도는 안 받아도 되는가. 모세를 비방하고 모세의 권위를 부인한 미리암과 아론의 경우를 민수기 12장을 통해 조금 더 살펴보자.

미리암과 아론이 한 "여호와께서 모세와만 말씀하셨느냐. 우리와도 말씀하지 아니하셨느냐"는 말을 하나님이 들으셨다. 이 설명 뒤에 성경은 "이 사람 모세는 온유함이 지면의 모든 사람보다 더하더라"고 기록하고 있다.
여호와께서 모세와 아론과 미리암을 찾으셨다. "너희 세 사람은 회막으로 나아오라." 세 사람이 회막 앞으로 나왔다. 여호와께서 구름 기둥 가운데로부터 강림하여 장막 문에 서서 아론과 미리암을 부르셨다. 그 두 사람이 하나님 앞에 나아갔다. 하나님이 아론과 미리암을 향해 "내 말을 들으라. 너희 중에 선지자가 있으면 나 여호와가 환상으로 나를 그에게 알리기도 하고 꿈으로 그와 말하기도 하거니와 내 종 모세와는 그렇지 아니하니 그는 내 온 집에 충성함이라. 그와는 내가 대면하여 명백히 말하고 은밀한 말로 하지 아니하며 그는 또 여호와의 형상을 보거늘 너희가 어찌하여 내 종 모세 비방하기를 두려워하지 아니하느냐"고 책망하셨다.

하나님은 모세가 허물이 있지만 여전히 모세가 그들의 지도자임을 확인해 주셨다. 이 일 후에 되어진 일을 성경은 "여호와께서 그들을 향하여 진노하시고 떠나시매 구름이 장막 위에서 떠나갔고 미리암은 나병에 걸려 눈과 같더라. 아론이 미리암을 본즉 나병에 걸렸는지라"라고 기록했다. 상황이 이렇게 되자 아론이 모세에게 "내 주여 우리가 어리석은 일을 하여 죄를 지었으나 청하건대 그 벌을 우리에게 돌리지 마소서. 그로 살이 반이나 썩어 모태로부터 죽어서 나온 자 같이 되지 않게 하소서" 하며 간절히 구하였다.

모세가 여호와께 "하나님이여 원하건대 그를 고쳐주옵소서"라며 부르짖어 기도했다. 여호와께서 모세에게 "그의 아버지가 그의 얼굴에 침을 뱉었을지라도 그가 이레 동안 부끄러워하지 않겠느냐. 그런즉 그를 진영 밖에 이레 동안 가두고 그 후에 들어오게 할지니라"라고 말씀하셨다.

이에 미리암이 진 밖에 칠 일 동안 갇혔고 백성은 그를 다시 들어오게 하기까지 행진하지 아니하다가 그 후에 백성이 하세롯을 떠나 바란 광야에 진을 쳤다.

　이 일을 통해 하나님이 우리에게 하시고자 하는 말씀은 비록 지도자가 허물이 있다 할지라도 하나님이 그의 위를 폐하지 않으셨다면, 그는 여전히 지도자라는 것이다. 어떻게 보면 하나님이 하신 일이 우리에게 불합리하게 보일지 모른다. 잘못한 사람은 모세인데 왜 미리암이 당해야 하는지에 대한 의구심이 들 수 있다.

　만약 여기서 하나님이 이 일을 이렇게 처리하지 않았다면, 그 혼란은 이루 말할 수 없을 것이다. 허물이 있기만 하면, 그것을 근거로 부모의 권위를 무시하고 지도자들의 권위를 부정하는 일들이 생겼을 것이다.

　허물이 있는 지도자에 대한 처리는 하나님께 맡기라. 하나님은 사람을 세우시기도 하고 폐하시기도 한다. 성경을 보면 사울을 왕으로 세우신 분이 하나님이고, 그를 왕의 자리에서 폐하신 분도 하나님이다. 다윗은 사울을 왕의 자리에서 폐하는 일을 자신이 할 수 있었지만, 끝까지 하나님이 하실 때까지 기다렸다.

지도자의 허물을 덮어야 지도자가 있는 인생을 산다

　만약 허물이 있다 해서 그 권위를 인정하지 않는다면, 이 세상에 지도자는 한 사람도 남지 않을 것이다. 성삼위 하나님 외에 허물이 없는 지도

자는 이 세상에 존재하지 않는다. 사람에게서 허물이 보이면 덮어줘야 한다. 이것은 지도자의 허물도 마찬가지다. 허물을 덮어줘야 그는 계속 '나의 지도자'로 남는다. 허물이 드러날 때마다 그 허물을 드러내면 이것은 스스로 자신의 지도자를 없애버리는 일이다. 그러면 결국 그는 지도자 없는 인생을 살 수밖에 없다. 하나님이 세워주신 지도자를 스스로 다 폐하고 지도자 없는, 그저 자기 소견에 옳은 대로 사는 안타까운 인생을 살 수밖에 없다.

사람은 지도자의 허물을 드러낼 때, 그것이 자기에게 미치는 영향에 대해서는 생각하지 못한다. 사람은 지도자의 허물을 드러내는 것이 자기 지도자를 없애는 과정이라는 것을 간과한다. 이를 통해 지도자가 없어지면 결국 자신은 지도자가 없는 인생을 살아야 하고, 그렇게 되면 그 삶이 혼란스러워진다는 단순한 사실을 놓치기 때문에 생기는 일이다.

지도자의 허물을 드러내면 그의 지도자는 없어지고, 허물을 덮어주면 그의 지도자는 여전히 그 자리에 있다. 허물을 드러내는 일과 그의 지도를 받는 것을 같이 하기는 쉽지 않다. 미리암과 아론이 모세에게 한 일의 경우에서 보듯이 허물을 드러내는 것은 곧 그의 권위를 부정하는 것으로 이어지기 때문이다.

지금까지 살면서 만났던 지도자들을 생각해 보자. 우리는 생에 가장 먼저 만났던 부모를 비롯해 교사들과 여러 지도자를 만났다. 지금 그들이 당신 곁에 여전히 지도자로 있다면, 당신은 지도자들의 허물을 덮은 사람이다. 이렇게 말하는 것은 당신의 지도자들 역시 허물이 있었을 것이기 때문이다. 그 허물을 보았음에도 당신이 그 허물을 덮었기 때문에 그는 여전히 당신의 지도자로 남은 것이다. 당신이 그 지도자들의 허물을 덮었기 때문에 당신은 그 후로도 계속 그의 지도를 받으며 여기까지 올 수 있었다.

허물을 덮는 것은 비단 지도자들의 허물에만 국한되는 것은 아니다. 우리가 살면서 만났던 사람들이 있다. 그들 역시 다 허물이 있는 사람들이다. 그들의 허물이 우리 앞에서 드러난 적이 있다. 아직 드러나지 않았다면, 앞으로 드러날 것이다. 허물이 드러날 때 따라오는 것이 실망감이다. 우리가 사람에 대해 실망할 때가 바로 그 사람의 허물이 드러날 때다. 허물을 보고 사람에 대해 실망하면 안 보고 싶다. 만나고 싶지 않다. 상대하고 싶지 않다. 그래서 그를 멀리하면 필연적인 관계가 아닌 이상 자연스럽게 그 관계는 끊어지고 만다. 이렇게 해서 한 사람이 우리 곁을 떠난다. 이런 일이 또 있으면 또 한 사람이 우리 곁을 떠난다. 이렇게 되면 우리 곁에 남을 사람이 없다.

지도자도 그의 지도 아래 있는 사람의 허물을 덮어줘야 한다. 허물이 있을 때마다 내보내고, 허물이 드러날 때마다 내친다면, 그의 곁에 남을 사람이 누가 있겠는가. 허물이 있어도 다시 봐야 하고, 허물이 있어도 다시 기회를 줘야 하고, 허물이 있어도 다시 일어설 수 있도록 해줘야 한다.

처리는 내게 맡기고 너는 그의 허물을 용서하라

성경은 사람의 허물이 드러날 때, 그 허물을 어떻게 해야 할지를 우리에게 가르쳐준다. 하나는 그 허물을 용서하는 것이고, 또 하나는 기도하는 것이다. 성경은 연약하고 부족하고 허물이 있는 모습 그대로 용납하고 용서하라고 한다. 연약함과 허물이 있는 사람을 사랑으로 품으라는 말이다. 그런데 이렇게 하면 세상이 엉망이 될 것 같은 걱정이 앞선다. 세상 모두가 다 부패할 것 같은 걱정이 든다. 그러다 보니 나라도 나서지 않으면 안 된다는 생각이 들 수 있다.

허물을 덮어주라고 하면 그것은 죄를 눈감아주는 악이 아니냐고 반문하는 경우가 있다. 어떻게 보면 그 말도 맞다. 그러나 허물을 덮으라고 하신 분이 하나님이다. 이 세상은 하나님의 것이다. 이 세상을 창조하시고 사람을 창조하신 분이 하나님이다. 그분이 이 세상을 혼란에 빠뜨릴 명령을 우리에게 내리실 리는 없다. 하나님이 그렇게 말씀하실 때는 다 생각이 있으시다. "나에게 맡기라"는 것이다. 하나님은 살아계신다. 선악 간에 모든 것을 심판하시는 하나님은 살아계신다. 하나님이 하는 말씀의 요지는, 그것은 내가 알아서 처리할 테니 너는 그의 허물을 덮으라는 것이다.

하나님이 국가를 세우시고 통치자를 세우셔서 세계를 지금도 통치하고 계시다. 이 세상에는 허물을 정죄하고 드러내고 처벌하는 기관이 있다. 경찰이 있고 검찰이 있다. 하나님은 공권력을 세워 이 일을 다스리신다. 그렇게 할 리는 없지만, 만약 경찰이나 검찰에서 사역하는 이가 하나님이 허물을 덮으라고 했다고, 모든 죄인의 죄를 다 덮어주고 처벌하지 않는다면 그것은 아니다.

허물을 사람 귀에 말하면 비판이고, 하나님 귀에 말하면 기도다

하나님이 예수 믿는 우리에게 허물을 향해 정죄하고 비판하는 대신 할 수 있는 일을 주셨다. 그것이 기도다. 사람과 지내다 보면 비판받아 마땅한 그의 허물이 눈에 들어온다. 또한 존경받아 마땅한 아름다운 모습이 눈에 들어온다. 각각의 사람이 아니라 한 사람에게서 이 둘이 함께 들어온다. 이런 상황에 하나님은 네 눈에 들어온 그 사람의 허물을 사람 앞에 말하지 말고 내 앞에 말하라고 하신다. 그것을 사람에게 이야기하면 비판이고, 하나님께 이야기하면 기도다. 누구를 만나든지 우리는 그중에 얼마는 기도 바구니에 담아야 한다. 어떤 공동체에 들어갈 때도 이 기도 바구니는 항상 휴대해야 한다. 교회 갈 때도, 회사 갈 때도.

그리스도인들이 세상을 비판하지 않는다 하여 세상에 관심도 없고 세상이 어떻게 돌아가는지 모르는 것은 아니다. 그리스도인들 눈에도 다 보인다. 그럼에도 비판하지 않는 것은 기도하기 때문이다. 그리스도인은 비판 대신 기도한다. 기도하면 사람의 허물과 부족함을 보고도 그를 존경할 수 있다. 놀라운 사실은 이렇게 할 때 사람이 바뀐다. 세상이 바뀐다.

아버지와 풀어야 인생이 풀린다

아버지와 사이가 좋아야 하는 것은 지극히 당연한 일인데, 그렇지 못한 경우가 많다. 그런 경우를 보면 안타깝다. 아버지와 풀고 살아야 인생이 풀린다는 사실을 알아서 그렇다.

사람은 누구나 인생이 평탄하고 형통하길 원한다. 누구도 올무에 걸리고 함정에 빠져 허우적거리길 원치 않는다. 그런데 아버지와 막히면 인생이 막힌다.

어떤 사람은 아버지와 막힌 채로, 아버지에게 당한 것을 보란 듯이 갚겠다며 이를 악물고 일을 한다. 밤잠을 자지 않고 열심히 뛴다. 그런데 안 된다. 아버지와는 막혀 있으면서 자식은 잘 키우겠다며 자녀들을 위해 모든 걸 쏟아붓는다. 그러면 자녀가 잘되어야 하는데, 그게 뜻대로 되질 않는다.

성경은 네 아버지와 어머니를 공경하라고 한다. 공경이란 존경의 의미를 포함한다. 존경하고 귀히 여기는 게 공경의 시작이다. 아버지를 존경하고 귀히 여기는 것은 아버지와 풀어야 가능하다.

아버지와의 관계는 단순히 아버지 한 사람과의 관계가 아니다. 이 관계는 사람이 세상에서 맺는 모든 관계의 원천이다. 아버지와의 관계는 사람과 맺는 모든 관계에 영향을 미친다. 아버지와 풀면 다른 사람과도 풀리고, 아버지와 막히면 다른 사람과도 막힌다. 아버지는 단순한 한 사람이 아니다.

아버지, 어머니와 풀지 못한 상태란 부모에게 품은 서운함이 자라 미움과 증오가 된 상태다. 서운함은 시간이 지나면 미움이나 증오로 자라는 속성이 있다. 아버지를 미워하고 증오하면 다른 사람과의 관계에 그것이 그대로 나타난다. 자신이 의식하지 못하는 사이에 그는 서서히 거칠고 난폭한 사람, 여기저기서 문제를 일으키고 누구에게나 대드는 사람이 되어간다. 아버지에 대한 미움과 증오가 대상을 바꾸어 표출된 것이다.

필요에 따라 이런 사람을 이용하는 사람은 있지만, 좋아하는 사람은 드물다. 시간이 지나면, 그의 주변에서 사람이 하나둘 떠난다. 직장 생활이나 사업, 사회생활은 사람과의 관계 속에서 이루어진다. 돈이나 지위, 권력 때문이 아니라 그의 사람됨을 보고 그에게 사람이 모여야 한다. 그런데 부모와 막힌 이에게선 사람이 떠나간다. 좋은 사람이 떠나간다.

아버지와 풀어야 한다. 아버지가 살아계시든 돌아가셨든 풀어야 한다. 아버지와 풀고 싶어도 이미 돌아가셔서 풀 기회를 상실했다고 한탄하지 말라. 지금 여기서 풀면 된다. 푸는 것은 마음 안에서, 마음으로 하는 일이다.

아버지와 풀기 원하면, 먼저 회개해야 한다. 아버지가 살아계신다면, 찾아가 잘못을 빌어야 한다. 필요하다면, 무릎이라도 꿇어야 한다. 아버지의 용서를 받아야 한다. 아버지와 풀고 아버지를 향해 사랑한다고 고백하며 안아드리면 금상첨화다. 아버지가 돌아가셨다고 아버지와 풀 기회를 잃어버린 것은 아니다. 아버지가 돌아가셨다면, 하나님 앞에 나가 아버지를 미워하고 증오했던 죄를 회개하고 마음으로 아버지를 안아드리면 된다. 이 일을 서둘면 서둘수록 좋다. 나도 살 만큼 살았다며 그냥 살다 가겠다고 고집하거나 포기하지 말아야 한다. 나이가 50이면 아직도 살날이 30년 이상 남았다.

아버지와 풀기 원하면, 아버지를 용서해야 한다. 아버지는 완벽한 사람이 아니다. 내 아버지만 그런 것이 아니다. 이 땅의 모든 아버지가 다 완벽하지 않다. 아버지에게도 잘못이 있다. 아버지가 잘못한 것이 없는데 괜히 아버지를 미워한 것이 아니다. 미워할 이유가 있다. 아버지가 나를 버렸을 수도 있다. 아버지가 나를 때렸을 수도 있다. 아버지가 가정을 돌보지 않았을 수도 있다. 아버지가 어머니를 때렸을 수도 있다. 이 모든 것은 다 아버지 잘못이다.

이 아버지의 잘못을 용서해야 한다. 아버지가 용서를 구할 때까지 기다리지 말고, 지금 용서해야 한다. 막힌 채로 사는 인생을 연장할 이유는 없다. 아버지에게 사과를 받아야 용서가 가능한 것은 아니다. 용서는 내가 일방적으로 할 수 있다. 온전히 내 힘만으로 용서할 수 없다면, 성령의 힘을 빌리면 된다. 아버지를 용서할 힘을 구하면 하나님이 성령을 주신다. 어떻게든, 아버지와 풀어야 인생이 풀린다.

또한 아버지는 자녀와 관계가 막히지 않도록 주의해야 한다. 자녀와 막히면, 그것이 자녀의 앞길을 막는 담이 될 수 있다. 아버지는 자녀를 노엽게 하지 말아야 한다. 이것은 하나님의 뜻이다. 성경은 "아비들아, 자녀들을 노엽게 하지 말라"고 했다. 자녀를 노엽게 하면, 아버지와 자녀 사이가 막힌다. 이 일로 자녀는 아버지가 미워서 힘든 시간을 보낼 수 있다.

  아버지도 회개와 용서가 필요하다. 아버지도 자녀에게 잘못을 사과하고 용서를 구해야 한다. 자녀가 아버지와 막힌 채로 살지 않도록 아버지가 나서 도와줘야 한다. 아버지 편에서 풀 수 있다면, 아버지가 풀어줘야 한다. 그래야 자녀의 인생이 풀린다. 푸는 방법은 자녀가 푸는 것과 같다.

FOR A RELATIONAL HAPPINESS

사람과의 관계를 아름답게
04_ 좋은 것은 말해주라

    하나님이 세상과 사람을 창조하신 후에 "보기가 좋다"고 하셨다. 성경은 이것을 "하나님이 보시기에 좋았더라"고 적었다. 모든 창조를 마치신 후 하나님의 종합 평가는 "심히 좋다"이다. 세상은 하나님이 보시기에 좋았다. 사람은 하나님이 보시기에 좋았다. 하나님은 좋은 것을 좋다고, 심히 좋으면 심히 좋다고 말씀하셨다.
    좋은 것을 좋다고 말하는 것은 하나님의 형상대로 지음받은, 하나님을 닮은 우리가 마땅히 해야 할 일이다. 사람과 관계를 맺는 중에 '좋은 것'

을 어떻게 처리하느냐에 따라 좋은 관계가 이어지기도 하고 끊어지기도 한다. 좋은 것에 대한 사람의 반응은 다양하다.

좋은 것에 대한 안타까운 반응_ 방치한다

사람에게 좋은 것이 있다. 장점이 있다. 자기에게도 있고, 다른 사람에게도 있다. 모든 사람에게 좋은 것이 있다. 그런데 안타깝게도 이것을 보지 못하는 사람이 있다. 자기의 좋은 점도, 다른 사람의 좋은 점도.

왜 이럴까?

좋은 것이 가려져서 그럴 수 있다. 앞서 살펴본 대로, 사람에게는 연약함과 부족함과 허물이 있다. 그러다 보니 이것에 좋은 것이 가려 보이지 않을 수 있다. 사람에게 연약한 것이 있고, 부족한 것이 있고, 허물이 있지만, 또한 그 사람에게 좋은 것과 뛰어난 것이 있다. 대부분은 이게 더 많다. 그런데 사람은 장점보다 약점이 많다고 생각하는 경향이 있다. 자기도 그렇고, 다른 사람도 그렇다고 생각하기 쉽다. 그 이유는 연약함과 부족함이 눈에 잘 띄다 보니 그렇다. A4 사이즈 백색 종이에 점 하나 있으면, 전체 대비 그 점이 차지하는 비중은 얼마 되지 않는다. 그런데 점이 찍힌 종이를 보면 점이 먼저 보이고, 점만 보이는 것과 마찬가지다. 점이 열 개쯤 되면, 온통 점투성이라고 한다.

사람은 장점과 약점을 한 몸에 지니고 있다. 물론 사람마다 비율의 차이는 있겠지만, 대부분 좋은 것이 많다. 자기든 남이든 좋은 것의 비중만큼, 좋은 것이 좋게 보이기만 해도 관계는 좋아진다. 좋은 것을 좋게 말하기 위해서는 자신의 좋은 것을 좋게 보는 것이 먼저다. 이 책을 시작하며 살펴본 솔로몬과 술람미 여인의 경우가 좋은 예다.

사람들이 좋은 것을 좋은 것으로 보지 못하는 또 다른 이유는 그것이 아주 오래전부터 자신 안에, 그 사람 안에 있었기 때문이다. 일반적으로 사람은 자기 안에 있는 좋은 것이 사람에게도 다 있다고 생각한다. 그렇지 않은 것을 알기까지는 시간이 걸린다. 많은 사람이 그렇지 않은 사람을 만나, 그렇지 않은 경험을 하고 나서야 비로소 이것이 자신의 좋은 것인 줄 안다.

성품 좋은 사람, 이것이 얼마나 좋은 것인지는 늘 성품 좋은 사람과 함께할 때는 모를 수 있다. 모든 사람의 성품이 다 그런 줄 안다. 그러나 사회생활을 하면서, 모두가 그런 성품을 지닌 것이 아니라는 것을 알게 되면서 "아, 그 사람은 성품이 좋구나" 하고 알게 된다.

자신이든 다른 사람이든 좋은 것이 좋게 보여야 그 가치를 알고, 소중하게 여긴다. 좋은 것이 좋게 보이지 않으면, 방치할 수밖에 없다. 아무리 비싼 악기라 해도 그 가치를 모르면 허름한 창고에 방치하는 것과 마찬가지다.

앞서 약점에 인생 걸지 말자고 했다. 안타까운 것은 95의 장점은 방치해 두고 5의 약점에 집중하는 경우다. 95의 좋은 것과 뛰어난 것은 그대로 방치하고 5의 연약함과 부족함과 허물을 붙잡고 씨름하는 경우다. 자기든 다른 사람이든 95의 좋은 것은 말해주지 않고, 그렇지 못한 5만 계속 말하는 것은 안타까운 일이다. 좋은 것은 말해주지 않고, 하나라도 잘못하면 그것은 꼭 지적하는 사람이 있다.

이런 일이 반복되면, 상대는 스스로 자신을 형편없는 존재로 생각하고 낙심할 수 있다. 좋은 것과 잘하는 것은 듣지 못하고, 늘 좋지 못한 것과 잘못한 것만 듣다 보니 자신이 마치 좋은 것, 잘하는 것은 하나도 없는 사람으로 생각할 수 있다.

우리 주변에는 자기에 대해 이렇게 생각하는 사람이 의외로 많다. 좋은 것을 좋다고 말해주지 않아서 생긴 일이다.

좋은 것에 대한 부정적인 반응_ 시기한다

안타깝지만 사람 중에는 다른 사람의 좋은 것을 시기하는 사람도 있다. 일반적으로 우리는 좋은 것을 보면 부럽다. 이때 그것을 시기할 수도 있고 사모할 수도 있다. 시기하면, 좋은 것을 좋다고 말하지 않는다. 오히려 그것을 빈정거리고 비아냥거린다. 시기하면 좋은 것이 있는 사람을 일부러 무시한다.

성경은 시기하지 말라고 가르친다. 시기는 다른 사람이 갖고 있는 좋은 것에 대한 부정적인 반응이다.

공부 잘하는 자녀를 둔 이웃을 시기하면, 그것을 평가절하한다. "뭐, 그 집 애가 공부 잘해 1등 했나. 돈을 갖다 부으니 그렇지." 시기하면 성공한 사람을 향해서도 "뭐, 자기가 잘했나? 부모 잘 만나 그런 거지"라고 말한다. 어쩌면 이것이 다른 사람의 좋은 것이나, 그에게 일어난 좋은 일에 대한 보편적인 반응이 아닐까 싶다. 오죽하면 사촌이 땅을 사면 배가 아프다는 속담까지 있을까. 남도 아닌 사촌인데.

다른 사람의 좋은 것, 그에게 있는 좋은 것에 대해 시기로 반응하는 것은 안타까운 일이다. 좋은 차를 산 친구를 향해 "머리에 든 것도 없는 게 차만 바꿔요", 큰 집을 산 친구를 향해 "속 빈 것들이 집만 늘려요"라고 반응하면 관계가 어려워진다. 그러는 모습이 추하다는 것을, 어쩌면 그만 모른다.

시기는 뼈를 썩게 한다. 시기하면 사람도 추해지고 몸도 망가진다.

다른 사람의 좋은 것을 탐하지 말라

다른 사람에게 있는 좋은 것에 대한 반응 중 하나는 그것을 탐하는 것이다. 하나님은 좋은 것을 탐하지 말라, 특별히 다른 사람이 갖고 있는 좋은 것을 탐하지 말라고 말씀하신다.

> 네 이웃의 집을 탐내지 말라. 네 이웃의 아내나 그의 남종이나
> 그의 여종이나 그의 소나 그의 나귀나 무릇 네 이웃의 소유를
> 탐내지 말라. 출애굽기 20장 17절

하나님은 다른 사람의 집도, 내 이웃의 아내도, 남의 직원도, 이웃의 소유도 탐내지 말라고 하신다. 탐하면 빼앗고 싶어진다. 힘이 있으면 힘으로, 돈이 있으면 돈으로, 실력이 있으면 실력으로 빼앗으려고 한다. 다른 사람의 좋은 것에 탐심으로 반응하면, 나봇의 포도원을 빼앗은 아합 내외 같이 될 위험이 있다.

다른 사람의 좋은 것에 시기나 탐심으로 반응하지 않도록 '부러움'을 잘 관리해야 한다. 부러움은 기도하게 하고, 열심을 내게 하는 동인(動因)이 되기도 하지만, 그것이 시기와 탐심으로 자라날 위험도 있다.

좋은 것에 대한 믿음의 반응_ 기뻐한다

하나님이 우리에게 좋은 것을 많이 주셨다. 여기를 봐도 저기를 봐도 하나님이 주신 좋은 것이 가득하다. 하나님은 우리에게 예수를 주셨다. 예수의 피로 우리 죄를 사하시고 구원해 주셨다. 천국을 주셨다. 영생을 주셨다.

그뿐이 아니다. 하나님은 우리에게 나라도 주시고, 교회도 주시고, 직장도 주시고, 사업도 주시고, 학교도 주시고, 집도 주셨다. 차를 마실 수 있는 분위기 좋은 카페도 주셨고, 아프면 갈 수 있는 병원도 주셨다. 에어컨도 주시고, 세탁기와 건조기도 주셨다. 도로를 주시고, 자동차를 주셨다. 전화 한 통이면 집으로 음식이 배달되고, 저녁에 주문해도 다음 날 새벽에 물건이 도착하는 편리함도 주셨다.

또한 하나님은 우리에게 좋은 사람을 주셨다. 하나님은 우리 곁에 좋은 사람을 많이 두셨다. 주님께 눈을 열어 달라고 기도하고 보면, 좋은 사람이 보인다. 가족, 친구, 직장 동료, 성도, 교역자, 모두 좋고 좋다. 물론 그중에 몇은 아쉬움이 있지만, 우리 곁사람은 대부분 좋은 사람이다.

하나님이 우리에게 이 좋은 것을 주시고, 좋은 사람을 주신 이유는 무엇일까. 우리를 위해서, 우리를 사랑해서다. 우리 기뻐하라고, 우리 좋아하라고 하나님이 주셨다. 받은 우리는 기뻐해야 한다. 마치, 아빠의 선물을 받은 딸이 "아이, 좋아"하며 기뻐하는 것처럼, 우리도 좋아해야 한다. 우리가 하나님이 주신 것으로 기뻐할 때, 그것을 주신 하나님도 기뻐하신다. 우리는 기뻐함으로 하나님을 기쁘시게 해야 한다. 우리에게 좋은 것을 주신 하나님은 우리에게 항상 기뻐하라고 하신다. 좋은 것에 항상 기쁨으로 반응하라는 말이다.

마음과 눈이 열려 좋은 것이 좋게 보이면, 오늘 춤을 춘다

좋은 것에 기쁨으로 반응하려면, 좋은 것이 좋게 보여야 한다. 이상한 일이지만, 좋은 것이 모두에게 다 좋게 보이는 것은 아니다. 또한 좋은 것이 항상 좋게 보이지 않기도 한다. 좋은 것이 전에는 좋게 보였는데, 어느 날 그렇게 보이지 않아 당황할 때가 있다. 어떤 경우는, 그것을 잃어버린 후에야 그게 좋은 것인 줄 아는 경우도 있다. 또 어떤 경우는 세월이 지나 나이가 들어서야 그게 좋은 건 줄 알기도 한다.

좋은 것을 좋게 보기 위해서는 두 가지가 필요하다. 눈과 마음이다. 좋은 것이 좋게 보이지 않는다면, 눈의 문제일 수 있다. 좋은 것이 전에는 좋았는데, 지금은 좋지 않다면 현재 마음 상태를 살필 필요가 있다.

눈의 문제라면, 눈이 열려야 한다. 두 눈 시력이 다 1.5라도 보이지 않는 것이 있다. 우리 눈으로 모든 것을 다 보는 것이 아니다. 영안(靈眼), 곧 영혼의 눈이라는 또 하나의 눈이 우리에게 있다. 성경이 우리에게 안약을 사서 보게 하라고 할 때, 그 눈이다. 이 눈이 열려야 한다.

마음의 상태가 문제라면, 마음이 맑아져야 한다. 마음이 맑아야 보인다. 마음이 청결한 자는 하나님을 본다. 다른 사람이 보지 못하는 것을 본다. 성령이 우리의 마음을 맑게 한다. 성령이 우리 마음에 있으면 좋게 보인다.

눈이 열리고, 마음에 성령이 머물면, 나중이 아니라 지금, 잃어버린 후가 아니라 지금, 좋은 것이 좋게 보인다. 그러면 날마다 곁에 있는 배우자가 좋은 사람으로 보이고, 10년째 우리 회사에서 일하는 김 부장이 좋게 보인다. 그들이 하나님이 내게 보내주신 선물로 느껴진다. 곁에 하나님의 선물인 좋은 사람이 있다면, 책을 잠시 덮고 "당신이 좋다"며 "당신은 하나님의 선물"이라고 말해주면 좋겠다. 그가 옆에 없다면, 핸드폰을 열어 문자를 보내거나 통화하는 것도 좋겠다. 당신이 참 좋다고. 당신은 하나님이 내게 주신 참 좋은 선물이라고.

좋은 것을 본받으면 행복하다

좋은 사람과 좋은 것에 믿음으로 반응하는 것이 본받음이다. 하나님이 우리 곁에 좋은 사람을 많이 두신 이유는 우리를 키우시기 위함이다. 하나님은 시청각 교육의 대가다. 성경을 통해 우리를 가르칠 때, 하나님은 때로 시청각교재를 사용하신다. 그 교재 중 하나가 우리 곁에 있는 사람이다. 순종하면 어떻게 되는지, 사랑하면 어떻게 되는지, 공경하면 어떻게 되는지를 시청각적으로 보여주는 사람을 하나님은 우리 곁에 두셨다. 그 시청각교재를 보고 따라 하라고, 본받으라고. 내 곁에 있는 본받을 사람은 하나님이 보여주시는 시청각교재다.

우리가 본받아야 할 사람은 멀리 있지 않다. 가까이에 있다. 목사가 본받아야 할 사람은 교회 안에 있다. 성도 중에는 기도하는 것을 본받아야 할 성도가 있고, 전도하는 것을 본받아야 할 성도가 있고, 온유함을 본받아야 할 성도가 있다.

본받을 사람이 주변에 많다 하여 다 본받는 것은 아니다. 본받겠다는 마음과 자세를 가져야 가능하다. 본은 그냥 저절로 받아지는 것이 아니다. 주변에 뛰어난 사람, 모범이 되는 사람이 있다고 해서 다 그 사람을 본받는 것은 아니다. 어떤 사람은 그 사람을 본받으려고 한다. 그러나 또 어떤 사람은 본받기보다 그를 시기해서 비난하고 비판한다. 안타까운 일이다.

어려서부터 본받는 것이 몸에 배면 좋다. 본받겠다는 마음을 가진 아이는 옆에 있는 우등생 친구를 본받아 열심히 공부한다. 그의 장래는 밝다. 그러나 또 어떤 아이는 그를 본받는 대신 그를 시기하고 괴롭힌다. 잘난 체를 한다느니, 뭐 공부만 잘하면 다냐느니 하면서 시비를 건다. 이런 상태로 어른이 되면, 어른이 되어서도 본받으라고 곁에 보낸 사람을 시기하고 비난한다. 이러면 성장도 성숙도 없다. 성인 아이가 되고 만다.

본을 받겠다는 마음 하나가 관계를 행복하게 하고 인생을 풍요롭게 한다. 하나님은 오늘 우리에게 물으신다. "내가 너를 위해 네 곁에 보낸 내 '시청각교재'를 너는 어떻게 하고 있느냐. 본받고 있냐, 아니면 그를 시기하고 있냐." 행복하기 원하면, 잘되기 원하면, 본받는 쪽을 택해야 한다. 본받을 것이냐, 시비할 것이냐가 행복과 불행을 가른다. 성장과 정체를 결정한다.

본받기를 원하면 그를 인정해야 한다. 인정하는 것은 본받기 1단계다. 본받겠다는 것은 겸손이다. 겸손으로 우리 마음이 낮아질 때, 우리는 하나님이 보낸 사람을 본받으려는 마음으로 그를 바라볼 수 있다. 그러면 그에게서 받아야 할 본이 보인다. 교만한 마음으로 보면 비난하고 시비할 것이 보인다. 사람은 어떤 마음으로 보느냐에 따라 같은 것도 달리 보인다. 자기 마음대로 보이는 게 사람이다.

우리 곁에 있는 사람이 다 좋은 사람, 본이 되는 사람만은 아니다. 우리 곁에 있는 사람, 우리가 알고 있는 사람 중에는 저렇게 하면 안 된다는 것을 하나님이 보여주기 위해 보내주신 시청각교재도 있다. 우리 곁에도 거짓으로 망한 사람이 있다. 우리 곁에도 악을 심고 재앙을 거둔 사람이 있다. 성경은 행악자로 인하여 분을 품지 말며 악인의 형통함을 부러워하지 말라고 가르친다. 행악자를 향해 우리가 분을 품고 저주를 쏟을 필요는 없다. 그것은 하나님이 하실 일이다.

우리는 다만 그를 통해 배워야 한다. 그 역시 시청각교재다. 하나님의 말씀을 버리고 자기 마음대로 나갈 때 그 결과가 어떠한 것을 우리에게 보여주는 시청각교재다. 말씀을 통해서, 악을 뿌리면 재앙을 거둔다는 진리를 배워야 한다. 또한 우리 곁에 악을 뿌리고 재앙을 거둔 사람을 보고 우리는 배워야 한다.

우리 곁에 있는 사람은 다 하나님의 시청각교재다. 어떤 사람은 이렇게 하면 행복하다고 알려주는 시청각교재고, 어떤 사람은 이렇게 하면 불행하다는 것을 보여주거나 들려주는 시청각교재다. 안타까운 것은 이 교재를 반대로 활용하는 사람도 있다. 본받을 것은 본받지 않고, 본받지 말아야 할 것을 본받는 사람 말이다.

하나님의 시청각교재를 잘 활용하는 은혜를 구해야 한다. 본받을 것과 본받지 말 것을 분별하는 지혜를 구해야 한다. 따라 할 것과 따라 하지 말아야 할 것을 구분하는 은혜가 필요하다. 또한 우리는 곁에 있는 사람에게 좋은 시청각교재가 되어야 한다.

좋은 것을 보고 부러우면, 손들고 "하나님 저도요"

다른 사람에게서 좋은 것을 보았을 때, 그래서 부러운 마음이 들 때 우리가 할 수 있는 일이 있다. 그것을 바라고 그것을 사모하며 그것을 하나님께 구하는 것이다.

우리는 다른 사람에게서 좋은 것을 보고 부러운 마음이 들면 손을 들고 "하나님, 저도 이거 갖고 싶어요" 하고 기도하면 된다. 예를 들어, 친구가 좋은 차를 새로 사면 부러울 수가 있다. 나도 저런 차를 탔으면 좋겠다는 마음이 들면, 그 차에다 슬그머니 손을 대고 한마디 하면 된다. "하나님, 저도 이런 차요." 성격이 참 좋은 사람을 만났다고 하자. 그것이 부러우면 역시 "하나님, 저도요" 하면 된다.

친구 아들 결혼식에 갔는데 그 집 며느리가 마음에 들 수 있다. 부러울 수가 있다.

"얼굴 이쁜 애들은 얼굴값 한다더라. 거기다 배우기까지 했으니…. 배운 것들은 배운 척을 한다던데, 너 이제 며느리 살이 시작되는구나."

이러면 아름답지 않다. 사람 추해진다.

"야, 축하한다, 축하해. 어디서 이렇게 이쁜 며느리를 얻었니! 얘, 이건 네 복이다, 복. 박사과정 중이라고? 이건 경사다, 경사야. 너희 집안이 이제 활짝 피겠구나. 그동안 애 키우느라고 수고했는데 하나님이 때가 되니 이런 상을 주시는구나. 야, 나도 네 며느리 같은 며느리 얻게 기도해줘."

좋은 것을 좋게 말하면 보기도 좋고 품위도 있다.

다음은 내 차례다

"똑같이 해주지 않으면 아무에게도 못 해준다."

여러 사람이 있을 때 그들 모두에게 해주지 않으려면, 그중 누구에게도 해줘선 안 된다고 한다.

재난이 나서 지방으로 구호하러 갔을 때 일이다. 침수 피해를 당한 주민들은 당장 지어 먹을 쌀이 없다. 그런데 동사무소에는 쌀이 쌓여 있다. 나눠주지 않는 이유를 물었더니, 이재민 가구 수만큼의 쌀이 들어올 때까지 기다리는 중이라고 했다. 어느 한 지역만 나눠주면 받지 못한 지역 주민들이 항의하기 때문이다. 안타깝지만 재난 지역에서 흔히 있는 일이다. 다 못 받는 것은 괜찮은데, 다른 사람은 받고 자신은 받지 못하는 것을 힘들어한다.

"다음은 내 차례다!"

다른 사람이 좋은 것을 받을 때 이런 마음 하나가 우리를 얼마나 여유롭게 하는지 모른다.

"언니 옷을 사주면 다음은 내 차례다."

"오빠 집을 사주면 다음은 내 차례다."

우리는 이것을 하나님 앞에서도 고백할 필요가 있다.

어떤 사람에게 좋은 일이 있다. 그것을 보면서 하나님이 저 사람만 편애하신다고 생각하면 우울해진다. 하나님이 그에게 하신 좋은 일을 보면서 나음은 내 차례라고 생각해 보라. 하나님이 이번에는 저 사람에게 주셨으니, 다음은 내 차례라고 생각해 보라. 그러면 그 사람에게 좀 더 좋은 것으로 해주시라고 할 것이다.

마치 하나님이 여호수아의 더러운 옷을 갈아입히시자, 스가랴가 정결한 관도 씌워주시라고 부탁했던 것과 같이 우리도 할 수 있다. 기왕 그 사람에게 좋은 것을 주실 때에 좀 더 주시라고 축복할 수 있다.

좋은 것을 좋다고 말하는 것이 칭찬이다

사람에게 좋은 것이 있다. 그것이 그 사람의 성품일 수도 있고, 성격일 수도 있고, 그가 하는 선한 일일 수도 있고, 잘하는 일일 수도 있다. 하나님은 그것을 말해주라고 하신다. 하나님은 우리에게 "서로 돌아보아 사랑과 선행을 격려하라"고 하신다. 사랑과 선행은 좋은 것이다. 이것을 말해주라는 말이다.

예수님도 좋은 것을 좋다고 말씀해 주셨다. 한 여인이 향유 옥합을 가지고 와서 예수님의 머리에 부었다. 사람들이 이 일을 오해할 때 예수님은 "그가 내게 좋은 일을 하였다"고 말씀해 주셨다. 하나님은 다윗을 내 마음에 합한 사람이라고 말씀해 주셨다. 하나님은 다윗의 좋은 것을 좋다고 말씀해 주셨다. 우리도 부지런히 예수님을 따라, 하나님을 따라 우리 주변 사람에게 좋은 것은 좋다고 말해줘야 한다.

사람들이 좋은 것을 좋다고 하는 말을 얼마나 사모하는지 모른다. 그런데 안타깝게도 그 말을 마음에 담아놓고 사는 사람들이 있다. 그것을 꼭 말로 해야 아느냐고 반문하면서 말이다. 그렇다. 말을 해야, 말로 해야 안다. 마음에 있는 좋다는 그 말을 사람들은 듣고 싶어 한다.

좋은 것을 좋다고 말하지 않는 이유도 여러 가지다. 어떤 사람은 상대가 교만해질까 봐, 어떤 사람은 좋다고 말해주면 그가 좋아하는 것이 싫어서, 좋은 걸 상대도 이미 알고 있어서, 또 말할 이유가 없어서, 아부하는 것으로 오해받을까 봐 등. 여러 가지 이유로 좋아도 좋다고 말하지 않는다. 안타깝게도 이것은 사랑이 부족하거나, 오해 때문에 생긴 일이다.

사랑이 부족하면 사랑을 충전 받아 좋다고 말하고, 좋다고 말해주면 교만해질까 봐라고 오해했다면 오해를 풀고, 좋은 것은 좋다고 말해줘야 한다. 좋은 것을 좋다고 말해주는 것은 관계를 아름답게 하는 초석이다. 아가서를 읽어보라. 신랑과 신부가 좋은 것을 좋다고 얼마나 많이 말하는지 알 수 있다.

좋은 것을 좋다고 말하는 것이 칭찬이다. 현재 그에게 있는 좋은 것을 말해주는 것이, 본인은 그것이 좋은 것인지 모르는 걸 찾아서 말해주는 것이 칭찬이고 격려. 앞으로 좋게 될 것이라고 믿음으로 말해주는 것이 축복이다.

좋은 것을 보고 좋다고 말해준 어머니의 격려가 아들의 인생을 바꿨다

다음은 언젠가 매일경제신문에 실린 칼럼에서 읽은 것이다.

세계 굴지의 회사인 GE의 최고경영자(CEO) 자리를 20년간이나 지키면서 시가총액을 40배나 키운 전설적인 CEO 잭 웰치 전 회장의 어머니도 많은 것을 생각하게 한다. 어릴 적 말을 더듬는 습관이 있었던 웰치에게 어머니는 늘 "네가 말을 빨리 못하는 이유는 너무 똑똑하기 때문이란다. 다른 사람보다 두뇌 회전이 빨라서 말이 네 생각을 못 쫓아가는 거야"라고 말해주었다. 이런 어머니의 격려 덕분에 그는 말을 더듬는다는 이유로 부끄러워하거나 용기를 잃지 않았고, 결국 세계적인 회사의 CEO가 될 수 있었다.

다른 사람이 보지 못하는 좋은 것을 보고 좋다고 말해준 어머니의 격려가 아들의 인생을 바꿔놓았다. 사랑하는 사람의 눈에 좋은 것이 보인다. 미워하면 좋은 것도 얄밉게 보인다. 자녀를 사랑하는 부모가 친구들이 보지 못하는 좋은 점을 많이 보고, 많이 말해줘야 한다. 자녀의 친구 중에는 사려 깊은 친구도 있지만, 함부로 말하는 친구도 있다. 그것을 중화시키기 위해서라도 부모는 자녀에게 좋은 것을 좋다고 많이 말해줘야 한다.

좋은 것을 좋다고 말하는 것이 위로다

2008년 5월 인도네시아 선교사 수련회 강사로 한 주간 말씀으로 섬긴 적이 있다. 수련회를 마치고 일흔다섯 선교사가 내게 좋은 것을 좋았다고 적어줬다. 그것이 칭찬과 격려로 내게 따뜻하게 전해졌다.

- 『말의 힘』을 두 번 정독했습니다. 그럼에도 직접 들으니 더욱 새롭게 깨닫게 됩니다. 진작 깨달았더라면, 처음 선교할 때 알았더라면 선교 사역이 달라지지 않았을까 싶습니다. (김ㅇ국 선교사).
- 인생을 바꾸는 말의 힘, 말의 습관을 속 시원케 강의해 주시며 나의 인생의 '키'가 다른 방향으로 전환되게 해주셔서 감사드립니다. 귀한 말씀 감사하며 현지인을 사랑하는 목회자, 원주민들에게 전하는 자로 설 것입니다. 감사합니다. (성ㅇ화 선교사)
- 인간관계와 하나님과의 관계에 핵심이 되는 '말'에 대해서 구체적으로 안내해 주셔서 감사드립니다. 말씀의 능력이 하나님께만 있는 것으로 생각했고 그렇게 살아왔는데 이렇게 놀라운 능력을 제게 주신 것을 깨닫게 해주셔서 감사드립니다. 또한 생각이 얼마나 중요한지도 또한 칭찬과 격려 등 모든 부분에 새롭게 해주심을 감사드립니다. 사실을 사실대로 말한 것으로 생각했는데, 그것이 믿음이 없이 한 말일 수도 있다는 것을 알게 해주셔서 감사드립니다. (자카르타 동부교회 이ㅇ자 사모)
- 저희 부부에게 말과 생각을 바뀌게 하는 계기가 되었습니다. 큰 것만 생각하고 작은 것은 생각지 못했습니다. 그래서 참석 전 참 많이 어려웠습니다. 선교지에 와서 생각이 다르고, 보고 이해하는 것이 이처럼 다른지 몰랐습니다. 하지만 목사님과의 만남에 위로를 받았습니다.

> 보는 세계와 생각의 세계가 달라졌습니다. (최ㅇ희, 손ㅇ희 신교사)

목사는 위로와 격려가 필요 없는 사람으로 오해하는 경우가 있다. 그렇지 않다. 당연한 사실이지만, 목사에게도 위로와 격려가 필요하다. 비단 목사만이 아니라 부모나 직장 상사도 위로가 필요하다. 대통령과 장관도 마찬가지다. 따뜻한 편지 한 통, 문자 하나가 큰 힘이 된다. 나는 성도들에게 '나는 위로가 필요한 사람'이라고 수시로 이야기한다. 나는 하나님이 성도들을 통해서 주시는 위로를 이제까지 받았고, 앞으로도 받기를 원한다.

좋은 것을 좋다고 말해주면 힘이 난다

나는 때로 성도들의 말과 글로 격려를 받는다. 따뜻한 격려를 받을 때마다 힘을 받는다. 나는 늘 설교를 하는 입장이고 성도들은 늘 설교를 듣는 입장이다. 이것은 일상이다. 일상이 된 일도 좋다고 말해주면 힘이 난다. 가끔은 설교와 관련해서 격려를 받을 때가 있다. 다음은 그 편지 중 하나다.

존경하는 목사님!
어느 날이었어요. 제가 사람으로 인해 많이 힘들어하는 중에 금요철야예배를 참석했습니다. 그날 설교는 다른 목사님께서 하셨고, 이어서 목사님께서 나오셔서 목사님 마이크를 새로 설치한다고 목사님 목소리로 테

스트를 꼭 해봐야 한다고 해서 3분만 얘기를 좀 해야겠다고 하셨습니다. 그러고는 '성령에 취하여 원수를 사랑하라'는 말씀을 오늘 받은 은혜라고 하시며 전해주셨습니다. 그 말씀을 들으면서 그동안 힘들었던 제 마음이 정말 평안해지는 것을 느꼈습니다.

마음속에 하나님께서 그 사람을 그럼에도 불구하고 사랑하라는 말씀을 주셨는데 제가 '어떻게 그렇게 합니까?'라는 생각을 하면서 여전히 그를 미워하고 있었기 때문에 힘들었던 겁니다. 힘으로는 절대 할 수 없는 것, 그러나 성령에 취하여 그를 사랑하고 그에게 속옷뿐 아니라 겉옷도 내줘야 한다는 것이 저를 그날 밤 얼마나 자유롭게 했는지 모릅니다.

목사님, 그날 밤 설교가 기억나세요? 그 말씀을 다 마치시고 목사님께서 '3분 얘기하러 왔다가 또 30분 얘기하고 갑니다. 그래도 오늘 이 밤에 이 말씀을 듣기 위해서 이곳에 온 분이 여기 있을 줄 믿습니다'라고 하셨었는데 그때 정말 손이라도 번쩍 들고 싶었답니다.

목사님을 통해서 제게 힘주신 하나님께 감사합니다. 그때의 말씀뿐 아니라 항상 주일예배에서도, 금요기도회 기도에서도 늘 제 상황에 필요한 말씀을 공급받습니다. 그래서 예배 시간에 매번 저와 제 남편은 말씀을 듣다가 웃을 때가 많습니다. 제가 남편에게 농담으로 '나 몰래 목사님께 내 얘기하는 거 아니야?' 하고 물을 정도로 '어떻게 그런 사소한 것까지 다 아시고 말씀하실까' 할 때가 많습니다.

어떤 주는 말씀에 많이 거역한 때는 주일설교 듣기가 떨릴 때도 있습니다. 그런 날도 절대 뵈주는 일 없이 하나님은 제게 목사님을 통하여 말씀하십니다. 남편이 제가 걱정하고 마음이 상해 있을 때는 '목사님 말씀 한 번 들어보고 생각하자'고 할 때가 많습니다. 굳이 목사님을 찾아가지 않아도 설교 속에 그 해답이 다 들어 있습니다.

어제 전문의 합격 소식을 들었습니다. 지금의 제 모습이 있기까지 늘 제 마음을 만지시는 하나님께 감사드리고 또 그 하나님의 음성을 듣게 하시는 목사님께 감사드립니다. 앞으로도 하나님과의 의사소통이 잘 이뤄지기를 소망합니다. 늘 그 연결자가 되어주시는 목사님이 건강하고 또 건강하기를 기도합니다. 앞으로도 감격의 그 순간들을 잘 모아서 감사 글을 쓸 겁니다. 목사님, 마음 깊이 사랑하고 존경합니다.

FOR A RELATIONAL HAPPINESS

사람과의 관계를 아름답게

05_ 뛰어난 것은 인정해주라

사람 안에 이 세상을 통치할 능력이 있다. 하나님이
이 세상을 창조하신 후에 창조한 세상을 사람에게 통치하라고 하셨다.

하나님이 자기 형상 곧 하나님의 형상대로 사람을 창조하시되
남자와 여자를 창조하시고 하나님이 그들에게 복을 주시며
하나님이 그들에게 이르시되 생육하고 번성하여 땅에 충만하라,
땅을 정복하라, 바다의 물고기와 하늘의 새와
땅에 움직이는 모든 생물을 다스리라 하시니라. 창세기 1장 27-28절

하나님이 사람에게 이 세상 통치를 맡기셨다는 것은 사람 안에 이 세상을 통치할 능력이 있다는 말이다. 하나님은 세상을 통치할 능력을 사람에게 주시고 세상을 통치하라고 하셨다. 이 얼마나 놀라운 일인가. 사람 안에 세상을 통치할 능력이 있다니. 이 사람이 바로 당신이다.

물론 사람이 죄를 지음으로 말미암아 이 큰 능력을 상실했지만, 예수 그리스도로 말미암아 우리는 회복했다. 잃어버렸던 하나님의 형상도 찾았고, 세상 통치권도 회복했다. 그 증거가 필요하다면, 성경에 예수님이 하신 다음 말씀이 증거다.

> 내가 진실로 진실로 너희에게 이르노니
> 나를 믿는 자는 내가 하는 일을 그도 할 것이요
> 또한 그보다 큰일도 하리니
> 이는 내가 아버지께로 감이라. 요한복음 14장 12절

예수 믿는 사람에게는 예수님이 하신 일을 할 수 있는 능력이 있다. 예수님이 하신 그 놀라운 일을 예수 믿는 우리도 할 것이라고, 예수님은 힘줘 말씀하셨다. 뿐만 아니라 그보다 큰일도 할 것이라고 하셨다. 이렇게 할 수 있는 근거를 예수님은 "내가 아버지께로 감이라"라고 들었다. 예수님이 하늘로 가시며 우리에게 보내주신 성령이 우리 안에서 우리로 이 일을 할 수 있도록 하신다.

예수 믿는 우리 안에는 능력이 있다. 당신 안에는 엄청난 능력이 매장되어 있다. 금이 매장된 곳을 금광이라 부르고, 석탄이 매장된 곳을 탄광이라고 부른다면, 예수 믿는 당신은 능력광이다.

하나님은 세상을 창조하시고 그것을 사람에게 주시며 정복하고 다스리라고 하셨다. 하나님은 이 세상을 다스리고 통치할 능력을 당신에게 주시고, 당신에게 이 세상 관리를 맡기셨다. 세상을 관리할 능력이 당신 안에 있다. 이것은 사실이다. 당신은 능력자다.

능력은 보관용이 아니다

이 세상을 떠나 저 천국에 갔을 때 한바탕 소동이 벌어질 것 같다. 여기저기서 "아니, 내 안에 그런 능력이 있었단 말입니까" 하며 놀라는 소리가 여기저기서 들린다. 세상에서 사용하라고 하나님이 주신 능력을 그대로 갖고 천국으로 온 사람이 자신에게 어떤 능력이 있었는지를 그제야 깨닫고 안타까워하는 소리다.

하나님이 우리에게 주신 능력은 보관용이 아니다. 하나님이 능력을 잘 보관했다가 도로 천국으로 가져오라고 주신 것이 아니다. 사용하라고 주신 것이다. 예수님이 달란트 비유를 통해 가르쳐주신 그대로다.

어떤 사람이 타국으로 가면서 그 종에게 자기 소유를 맡겼다. 한 사람에게는 다섯 달란트, 또 한 사람에게는 두 달란트, 다른 한 사람에게는 한 달란트를 맡겼다. 다섯 달란트와 두 달란트를 받은 사람은 그것을 가지고 열심히 장사해서 배로 늘렸다. 그러나 한 달란트 받은 사람은 그것을 땅에 그대로 묻어 두었다가 주인이 돌아와 회계할 때 그대로 가지고 왔다. 두 사람은 사용했고 한 사람은 보관했다. 사용한 사람은 칭찬을 받았고 보관한 사람은 야단을 맞았다. 우리에게 능력을 주신 하나님의 뜻은 보관이 아니라 사용이다. 당신은 단순히 능력을 보관하고 저장하는 창고가 아니다. 그 능력으로 세상을 경영할 능력자다.

IQ 수치로 당신의 능력을 제한하지 말라

많은 경우 자신이 능력이 없다고 생각한다. 그렇게 생각하는 주된 이유가 무엇인가를 생각해 보았다. 안타깝게도 그중 하나는 사람의 능력 중 일부 능력을 측정하는 기준인 IQ로 자신의 능력 전체를 평가하는 우를 범했기 때문이다. 학교 다닐 때 대부분 IQ 검사를 받는다. 그 결과를 이런저런 경로를 통해 본인이 알게 된다. 이 IQ에 평생을 매여 사는 사람이 있다. 이 수치가 좀 높다고 우월감에 사로잡혀 지내고, 이 수치가 낮다고 평생을 열등감 속에 지내는 경우도 있다. 이 IQ를 기준으로 자신은 무능하다고 스스로 단정하는 경우도 있다. 말 그대로 IQ(intelligence quotient)는 지능 지수다. IQ 수치는 사람에게 있는 수십, 아니 어쩌면 수백 가지 능력 가운데 하나인 지적 능력을 측정한 수치다. 이 수치가 당신의 능력 전체를 나타내는 것은 아니다.

베르나르 베르베르라는 유명한 소설가가 있다. 그가 한국을 방문했을 때 조선일보 문갑식 기자가 인터뷰했다. 그 인터뷰 중에 문 기자가 그의 IQ를 물었다. 그는 놀랍게도 한 번도 IQ 검사를 받은 적이 없다고 했다. 그 이유를 그는 테스트해서 만족스럽지 못한 점수를 받으면 불행해질까 봐 그랬다고 솔직하게 대답했다.

그러면서 그는 "성능 좋은 고급 차를 사는 것보다 그 차가 잘 굴러갈 수 있는 길을 선택하는 게 더 중요하다"며 "인간의 능력엔 세 가지가 있다"고 설명했다. 문 기자가 그게 뭐냐고 묻자, 그는 "기억력, 적응력, 상상력"이라고 대답했다. "전 상상력을 발달시켰어요. 학교에서 모범생도 아니고 지능이 높지도 않지만, 상상력을 발달시키면 자기의 재능을 발견할 수 있습니다." 그가 덧붙인 말이다.

그렇다. 상상력도 능력이다. 사람과 좋은 관계를 맺는 것, 이것도 능력이다. 사람을 사랑하고 사물을 사용하며 사는 것도 능력이다. 순종도 능력이다. 하나님과 채널을 열어놓고 사는 것도, 화목하게 하는 것도 능력이다. 손재주도, 그림을 잘 그리는 것도, 말을 잘하는 것도, 글을 잘 쓰는 것도 능력이다. 생각을 통제하는 것도, 사람의 마음을 편하게 하는 것도 능력이다. 음식을 잘 만드는 것도, 정리를 잘하는 것도, 물건을 잘 파는 것도, 꽃을 잘 가꾸는 것도 능력이다. 디자인을 잘하는 것도, 카피를 잘 쓰는 것도, 색감이 뛰어난 것도, 음감이 뛰어난 것도, 연기를 잘하는 것도, 연출을 잘하는 것도, 경영을 잘하는 것도, 사람이 신이 나서 일을 하도록 하는 것도, 맛있는 과일을 고르는 것도, 디스플레이를 잘하는 것도, 물건을 잘 만드는 것도, 설치를 잘하는 것도, 사람을 모으는 것도, 노래를 잘하는 것도, 작곡을 잘하는 것도, 호감이 가도록 하는 것도, 돈을 버는 것도 능력이고, 돈을 쓰는 것도 능력이다.

이런 능력들이 IQ로 다 나타나는가. 그렇지 않다. 기억력과 응용력 말고도 셀 수 없이 많은 능력이 있다. 이제 더는 IQ로 우리의 능력 전체를 평가하는 우를 범해선 안 된다. IQ가 낮은 사람은 무능한 사람이 아니다. 그에게는 그것으로 검사할 수 없는 다른 영역의 능력이 있다. IQ를 기준으로 이제 더는 '나는 무능하다'고 단정하는 일은 없어야 한다. 무능하다는 말은 능력이 없다는 말이다. 당신은 무능하지 않다. 당신은 유능하다. 하나님이 주신 능력이 있다. 이 세상 그 어떤 사람도 전능하거나 무능하지 않다. 당신도 전능하지는 않다. 당신에게 없는 능력이 있다. 그것 때문에 무능하다고 생각해선 안 된다. 전능한 사람이 없듯이, 무능한 사람도 없다. 다 능력이 있다. 다만 그것을 발견하지 못하고, 사용하지 못하는 사람이 있을 뿐이다.

내게 없는 능력은 곁사람에게 있다

하나님이 사람에게 능력을 주신다. 하나님은 능력을 한 사람에게 다 주지 않고 사람들에게 나눠주신다. 하나님은 각 사람의 능력을 합쳐서 하나님이 맡기신 일을 수행하도록 디자인하셨다. 세상 통치도, 기업 경영도, 목회도, 이웃 사랑도, 직장 생활도 각 사람에게 주신 능력을 합쳐서 해야 하는 이유다. 그래서 성경에 연합하라, 하나 되라, 함께하라는 말씀이 그렇게 많은 거다.

하나님이 출애굽의 지도자로 모세를 부르실 때 일이다. 하나님이 호렙산에서 모세에게 나타나 "이제 내가 너를 바로에게 보내어 너에게 내 백성 이스라엘 자손을 애굽에서 인도하여 내게 하리라"고 하셨다. 모세는 기겁을 하며 "내가 누구이기에 바로에게 가며 이스라엘 자손을 애굽에서 인도하여 내리이까"라며 자신은 할 수 없다고 했다.

하나님이 "내가 반드시 너와 함께 있으리라"고 거듭 약속하셔도 모세는 자신이 할 수 없는 이유를 계속 나열했다. "오 주여, 나는 본래 말을 잘하지 못하는 자니이다. 주께서 주의 종에게 명령하신 후에도 역시 그러하니 나는 입이 뻣뻣하고 혀가 둔한 자니이다."

하나님은 힘줘 모세에게 말씀하셨다. "누가 사람의 입을 지었느냐. 누가 말 못하는 자나 못 듣는 자나 눈 밝은 자나 맹인이 되게 하였느냐. 나 여호와가 아니냐. 이제 가라. 내가 네 입과 함께 있어서 할 말을 가르치리라."

그럼에도 모세는 여전히 보낼만한 자를 보내달라고 사정했다. 하나님이 모세를 향하여 노하여 다음과 같이 이르셨다.

레위 사람 네 형 아론이 있지 아니하냐.

그가 말 잘하는 것을 내가 아노라 그가 너를 만나러 나오나니

그가 너를 볼 때에 그의 마음에 기쁨이 있을 것이라.

너는 그에게 말하고 그의 입에 할 말을 주라.

내가 네 입과 그의 입에 함께 있어서

너희들이 행할 일을 가르치리라.

그가 너를 대신하여 백성에게 말할 것이니

그는 네 입을 대신할 것이요

너는 그에게 하나님같이 되리라. 출애굽기 4장 14-16절

하나님이 모세를 향해 노를 발하신 것은 그가 말을 잘하면서 못 한다고 했기 때문이 아니다. 하나님은 모세에게 말 잘하는 능력이 없는 것을 아셨다. 그런 모세에게 하나님이 출애굽의 지도자 역할을 맡기셨다. 일반적으로 이런 상황이 되면 우리는 하나님이 모세에게 말 잘하는 능력을 주셔서 그 일을 감당하도록 하실 것이라고 기대한다. 아마 모세도 같은 생각을 했던 것 같다. 출애굽의 지도자가 되라는 명을 받기 전이나 후가, 말 잘 못하기는 마찬가지라는 하나님께 한 그의 말 속에 이런 마음이 묻어난다. "하나님, 나에게 이스라엘 백성을 출애굽 시키는 일을 맡기시려면 이전에는 말을 잘 못했더라도 이제라도 말 잘하는 능력을 주셔야 하지 않습니까. 그런데 나는 지금도 여전히 말을 못하지 않습니까. 이런 내

가 어떻게 이스라엘 백성들을 설득해서 애굽에서 인도해 나오겠습니까. 능력을 주셔야 할 수 있는 일 아닙니까." 어쩌면 이것이 모세가 하고 싶었던 말인지 모른다.

하나님은 말을 잘하지 못하는 모세에게 말 잘하는 그의 형 아론을 보내셨다. 모세에게 없는 능력은 곁에 있는 아론에게 있었다. 이것이 하나님이 모세에게 능력을 주시는 또 하나의 방법이다. 물론 하나님은 능력을 당사자에게 주기도 하지만, 이와 같이 곁사람에게 주시기도 한다. 하나님이 자신에게 주신 능력만 능력이라고 생각하면, 하나님이 이미 능력을 주셨음에도 능력을 주지 않았다고 오해할 수 있다.

곁사람에게 있는 능력도 하나님이 내게 주신 능력이다

하나님은 내게 없는 능력은 곁사람에게 주신다. 그것도 내게 주신 능력이다. 이것을 알고, 이것을 인정하면 곁사람의 능력도 자기 능력이 된다. 그러나 이것을 모르고, 이것을 인정하지 않으면 곁사람의 능력은 자기와 무관하다. 곁사람이 아무리 뛰어난 능력을 갖고 있어도 그것이 자신에게는 소용이 없다. 사람 중에는 곁사람에게 있는 능력이 자신을 위해 하나님이 주신 것인 줄 모르고, 오히려 그 능력이 있는 사람을 시기하고 질투하는 우를 범하는 사람도 있다. 사울 같은 사람이다.

하나님이 사울에게 없는 능력을 다윗에게 주셨다. 사울은 이스라엘의 왕이지만 블레셋의 장수 골리앗 앞에서 백성들과 함께 떨고 있었다. 사움에게는 그와 맞서 싸울 담대함과 그와 싸워 이길 수 있는 전략과 전술이 없었다. 그러나 다윗에게는 하나님이 주신 담대함과 물맷돌이라는 무기와 그것으로 급소를 명중시킬 수 있는 기술이 있었다. 다윗은 골리앗을 쓰러뜨렸다. 사울이 이 일을 통해 곁사람, 다윗에게 있는 능력이 자신의 능력임을 알았다면, 그의 남은 삶은 달라졌을 것이다. 그러나 안타깝게도 사울은 그것을 알지 못했고, 결국은 자신에게 없는 능력이 있는 곁사람, 다윗을 시기하고 질투하며 급기야는 그를 죽이려고 했다.

하나님은 사람에게 능력을 주신다. 직접 주시기도 하고, 곁사람에게 주시기도 한다. 내게 주신 능력이나 옆 사람에게 주신 능력이나, 다 하나님이 나를 위해 내게 주신 능력이다. 이것을 알고, 이것을 인정하면, 곁사람의 능력이 당신 것이 된다. 이 비밀을 아는 사람은 능력이 있는 곁사람을 귀히 여긴다.

인정은 사람 안에 있는 능력을 길어 올리는 두레박이다

당신에게 능력이 있다. 그 능력은 당신 안에 있다. 당신의 능력은 깊은 샘에 있는 생수와 같다. 깊은 샘에서 물을 길어 올리듯, 당신 안에 있는 능력은 길어 올려야 한다. 또한 당신 곁에 있는 사람의 능력 역시 길어 올려야 한다. 이 일은 우리 자신의 일이고, 부모의 일이고, 교사의 일이고, 배우자의 일이고, 목사의 일이고 우리 모두의 일이다. 당신 안에 있는 능력은 곁사람의 인정 두레박을 타고 올라온다. 금과 돌이 섞인 원광

석은 제련해야 하듯이, 당신 안에 있는 능력은 곁사람의 인정과 칭찬으로 길어 올려야 한다.

사람의 마음에 모략이 있다. 좋은 생각이나 계획이나 목적이 있다. 사람 속에는, 모든 사람 속에는 모략이 있다. 성경은 이 모략은 깊은 물과 같다고 했다. 깊은 물은 맑고 깨끗하지만, 길어 올려야 먹을 수 있다. 모략은 좋은 것이지만, 길어내야 쓸모가 있다. 그것이 생각이면 현실화되어야 하고, 계획이면 실행되어야 하고, 목적이면 성취되어야 한다. 그래야 의미가 있다. 아무리 좋은 아이디어가 있어도 그것이 실용화되지 못하면, 그것은 단지 깊은 물일 뿐이다.

사람에게 중요한 것은 능력이 있고 없고, 많고 적고, 크고 작음이 아니다. 그것을 길어 올린 여부다. 사람은 능력이 없는 것이 아니라 능력을 길어내지 못한 것이다. 사람 안에 있는 능력은 스스로 길어 올리기도 하고, 다른 사람이 길어 올리기도 하고, 다른 사람과 함께 길어 올리기도 한다.

모든 사람이 사람 안에 있는 능력을 길어 올리는 것은 아니다. 깊은 샘에서 그것을 길어 올리는 사람이 있고, 그 샘을 막아버리는 사람이 있다. 전자는 사랑하는 사람이고, 후자는 미워하는 사람이다. 사랑해야 그 사람 안에 있는 능력을 길어 올릴 수 있다. 사랑하면 사람이 귀하게 보인다. 사람이 귀하게 보여야 그 사람 안에 있는 능력도 귀하게 보인다. 미워하면 좋게 보이지 않는다. 미운 사람은 사람도 무시하고 능력도 무시한다. 그를 미워하면, 당연히 그 안에 있는 능력도 좋게 보이지 않는다. 좋게 보이지 않으니, 길어 올릴 필요성을 느끼지 못한다. 이것이 미워하는 사람의 의견을 무시하고 묵살하는 이유다. 사람은 미워하는데, 그의 의견은 귀히 여기는 경우는 흔치 않다.

사랑하면 인정한다. 미워하면 무시한다. 인정은 사람의 마음 안에 있는 능력을 길어 올리는 두레박이다. 무시는 사람 안에 있는 능력을 묶는 쇠사슬이다. 남편을 무시하고, 아내를 무시하는 것은 배우자 안에 있는 능력이 나오지 못하도록 입구를 막아버리는 것이다. 그 마음에 있는 능력을 길어 올려주는 명철한 배우자를 만난 사람은 복 받은 사람이다. 이것이 우리가 명철한 사람을 만나고 지혜로운 사람과 동행해야 하는 이유다.

매달 월급을 주고 고용한 사람인데, 그 속에 있는 능력은 나오지 못하도록 막고 있는 CEO가 있다면, 이처럼 안타까운 경우가 어디 있을까. 인정해주지 않으면, 인정받기 위해 더욱 열심을 낼 것이라는 CEO의 그릇된 생각 하나가 많은 직원의 능력을 그 마음 깊은 곳에 가둘 수 있다.

사람의 지혜로도, 명철로도, 모략으로도 하나님을 당치 못한다. 하나님의 방식대로 하는 것이 명철이다. 하나님은 하나님의 사람을 사랑하셨다. 그들을 인정하셨다. 너는 내 아들이라고, 너는 의인이라고, 너는 성자라고 인정하셨다. 그들을 보배롭고 존귀하게 여겨주셨다. 하나님의 선인정이다. 하나님이 우리를 이렇게 인정하실 때, 우리는 우리가 어떤 상태였는지 잘 안다. 하나님을 따라 하면 된다. 먼저 사랑하고, 먼저 인정하는 것이 명철이다.

"당신은 훌륭하다. 뛰어난 사람이다. 당신은 우리 회사 보배다. 당신이 있어 내가 있다. 당신이 한 결정이라면 나는 믿는다."

인정하는 것은 곁사람의 마음에 있는 능력을 길어 올리는 두레박질이다. 그 모략을 길어 올리면, 그 덕을 길어 올린 사람도 같이 본다.

지금 이 땅에는 길어 올려야 할 깊은 물과 같은 능력을 그 안에 지닌 채, 그것을 길어 올려줄 사람을 애타게 찾고 있는 이가 많다. 지금 당신 곁사람도 그중 한 사람일 수 있다. 그는 당신의 두레박질을 기다리고 있다. 우리의 관계는 서로의 안에 있는 능력을 두레박질해 주는 사이가 되어야 한다. 우리 함께 두레박을 들고 능력을 길어 올리러 가자. 가서 당신은 뛰어나다고 말해주며 그의 속에 있는 탁월함을 찾아 그것을 인정해 주자.

사람이 사람에게 한 첫 말이 인정이다

사람은 밥을 먹고 물을 마셔야 산다. 그러나 사람에게는 밥과 물 말고도 먹고 마셔야 할 것이 있다. 사람이 먹어야 사는 것 중 하나가 인정이다. 사람이 밥을 먹지 못하면 몸이 약해지고, 인정을 먹지 못하면 정신이 약해진다. 정신적으로 어려움을 겪는 사람 중 상당수가 자신은 인정받지 못했다고 말한다. 부모가 자녀에게 밥은 먹여 몸은 건강하게 했는데 인정을 먹이지 않아 정신을 유약하게 만들었다면, 이것은 안타까운 일이다. 그래도 인정을 먹이지 않는 것은 정신을 유약하게는 만들어도 병들게 하지는 않는다. 그러나 무시와 멸시는 정신을 병들게 한다. 자녀에게 이렇게 해서 그 자녀가 자신을 한없이 쓸모없는 존재로 여기며 정신적으로 병든 채로 살고 있다면, 이것은 너무나도 안타까운 일이다.

사람 안에는 인정받고 싶은 욕구가 있다. 이것은 모든 사람에게 다 있다. 식욕, 성욕처럼 사람에게 있는 지극히 정상적인 욕구다. 나는 인정 같은 것은 바라지 않는다고 마음에 없는 말은 하지 않아도 된다. 사람인 걸 부정할 필요는 없다. 사람은 인정을 먹어야 산다. 사람이 사람에게 한 첫 말이 인정이다.

하나님이 아담을 창조하셨다. 그 후에 하와를 창조해 아담에게로 이끌어 오셨다. 그때 아담은 하와를 향해 "이는 내 뼈 중의 뼈요 살 중의 살이라"고 고백했다. 이것이 사람이 사람에게 한 첫 말이다. 이것이 인정이다. 사람은 인정이 필요한 존재로 지음받았다.

인정받으면 기분이 좋다. 인정받지 못하면 우울하다. 인정받은 하루는 기분 좋은 하루다. 하지만 사람에게 충분한 인정을 받기란 쉽지 않다. 일반적으로 사람은 인정에 인색하다. 한 번도 부모에게 인정을 받지 못했다는 자녀의 하소연을 들을 때면 마음이 아프다. 인정하면 자녀의 성장과 성숙이 거기서 멈출지 모른다는 불안감에, 마음으로는 자녀를 인정하면서도 말로는 그것을 표현하지 않는 부모들이 있다. 안타까운 일이다.

인정은 곁사람 몫이다. 우리는 우리 곁에 나를 인정해주는 사람을 많이 붙여 달라고 기도할 필요가 있다. 이 책을 읽는 당신을 인정해주는 사람을 하나님이 당신 곁에 보내주시길 글을 쓰다 축복한다. 인정해주는 사람이 많은 것은 복이다. 우리도 우리 곁사람에게 복이 되어야 한다, 곁사람을 인정해주는.

주례할 때, 때로 신부에게 신랑을 인정해 달라고 부탁한다.

"신부님, 곁에 서 있는 신랑은 다 큰 사람이 아닙니다. 더 커야 합니다. 남자는 부모 밑에서 키는 다 커서 오지만 아내를 만나면서부터 본격적으로 큽니다. 남자를 보면 아내를 만난 후에 크는 사람이 있고, 그대로인 사람이 있고, 오히려 더 작아지는 사람이 있습니다. 현숙한 아내는 남편을 키웁니다. 남편을 키우는 방법이 여러 가지입니다. 그중 하나가 남편을 인정하는 겁니다."

여자가 사랑한다는 말을 들을 때 드는 그 마음, 그 감정을 남자는 인정받을 때 느낀다. 아내의 인정은 남편을 쑥쑥 자라게 한다.

잘하는 것이 탁월함이고, 그것이 뛰어난 것이다

이 책에서 "뛰어난 것은 인정해주라"를 중간에 "능력은 인정해주라"로 바꾼 적이 있다. 이렇게 한 이유는 '능력'을 '뛰어난 것'으로 표현했더니, 뛰어난 것을 다른 사람과 비교해 탁월한 그 어떤 것으로만 이해하고 '나에게는 뛰어난 것이 없는데, 우리 남편에게는 뛰어난 것이 없는데…'라고 생각하는 이들이 눈에 띄었다.

사람에게 있는 다양한 능력을 인정하라는 의미가 제대로 전달되지 않는 것 같아 '뛰어난 것'을 '능력'으로 바꾸었다가 다시 "뛰어난 것은 인정해주라"로 바꿨다. 라임(rhyme) 영향도 있다. 좋은 것은 말해주고 뛰어난 것은 인정해주라가 라임 상, 더 잘 들려서다.

"뛰어난 것은 인정해주라"는 "잘하는 것은 인정해주라"는 말이다. 사람마다 잘하는 것이 있다. 그것이 능력이고 그것이 탁월함이고 그것이 뛰어난 것이다. 잘하는 것은 내버려 두고 못하는 것만 지적하는 경우가 있다. 반대로 하라. 못하는 것은 용납하고, 잘하는 것을 인정해주라. 아내가 잘하는 일, 남편이 잘하는 일, 그것이 능력이다. 딸이 잘하는 일, 아들이 잘하는 일, 그것이 능력이다. 잘하는 일을 찾아 그것을 말이나 글로 인정해주면, 그는 금같이 귀한 사람이 된다.

하나님의 인정, 받아들이라

하나님은 그의 자녀를 인정하신다. 하나님은 인정하기를 즐겨하신다. 하나님은 예수 믿는 우리를 의인이라 인정해 주셨다. 성도(saints)라 인정해 주셨다. 존귀하고 보배롭다고, 하나님의 자녀요 왕 같은 제사장이라고, 하나님의 상속자라고 인정해 주셨다. 감당할 수 없는 은혜다. 우리는 우리 자신을 잘 안다. 우리를 향한 하나님의 인정 가운데, 우리가 그것을 받을 근거가 하나도 없는 것을 우리는 안다. 우리 안에 선한 것 하나 없음을 우리는 너무 잘 안다. 그저 세리와 같이 고개를 들지 못하고 '죄인이로소이다'하는 우리를 하나님은 의인이라고 인정하시고, 성도라고 만방에 선포하셨다. 이것은 하나님의 일방적인 인정이다.

그런데 놀라운 일이 일어나고 있다. 하나님이 인정해 주시는 그 인정에 합당한 삶을 살고 싶은 마음의 소원이 우리 안에 생겼다. 우리의 몸이 지금 그 소원을 따라가고 있다. 하나님이 인정해 주시는 쪽으로 우리의 몸이, 우리의 삶이 점점 나아가고 있다. 해마다 점점 하나님이 인정해 주시는 쪽으로 우리는 나아가고 있다.

하나님은 우리를 인정해 주신다. 그것도 선(先) 인정을. 우리가 일정 수준에 도달할 때, 그때 인정해 주시는 것이 아니다. 먼저 인정해 주신다. 여겨주심, 먼저 인정해주심, 이것은 우리를 향한 하나님의 사랑이다. 우리는 하나님의 인정, 선 인정을 받아들여야 한다.

믿음은 하나님의 말씀을 받아들이는 것이다. 겸손은 하나님의 말씀을 받아들이는 것이다. 내가 생각할 때 그렇지 못해도 하나님이 의인이라고 하시고, 존귀하고 보배롭다고 하시면 그것을 받아들이는 것이 믿음이고 그것이 겸손이다. 우리가 하나님의 인정을 받아들이고, 또한 그것으로 우리도 우리 자신을 인정해줄 필요가 있다. "그래, 너는 아름답다. 너는 사랑스럽다. 너는 하나님이 존귀로 관을 씌워주신 사람이다. 너는 쓸 만한 사람이다. 너는 할 일이 많은 사람이다. 너는 큰 일을 할 사람이다."

인정은 관계 치료제다

내가 생각하는 나와 하나님이 말씀하시는 내가 다를 때 하나님이 말씀하시는 나를 나로 받아들이는 것이 믿음이다. 이것이 겸손이다. 마찬가지다. 다른 사람이 말하는 나와 하나님이 말씀하시는 내가 다를 때, 다른 사람이 말한 내가 아니라 하나님이 말씀하신 나를 나로 받아들이는 것이 믿음이고 겸손이다.

사람이 우리를 향해 형편없다고 하는데, 하나님은 우리를 존귀하다고 하시는 경우가 있다. 이때 누구의 평가를 받아들이느냐에 따라 우리는 우울할 수도 있고 기쁠 수도 있다. 만약 이때 사람이 내게 한 말을 받아들이고 우울하다면, 그때는 우울할 때가 아니라 우리의 불신앙과 교만함을 회개하고 일어날 때다.

또한 우리는 하나님이 우리를 이렇게 인정하신 것처럼 다른 사람을 인정해야 한다. 미루지 말고, 망설이지 말고, 일정 수준이 될 때까지 기다리지 말고, 인정해야 한다. 필요하면 우리도 선 인정을 해야 한다. 인정하면 인정하는 대로 된다.

인정은 관계 치료제다. 인정은 관계를 아름답게 회복시킨다. 자신과의 관계도, 다른 사람과의 관계도. 혹시 곁사람과 관계가 서먹하다면, 내가 그를 언제 어떤 말로 인정했는지, 살펴볼 필요가 있다. 그 기억이 없거나 가물거린다면 잠시 책을 덮고 그 일부터 할 필요가 있다. 그리고 확인해 보라. 인정이 과연 관계 치료제인지를 임상에서 확인할 수 있을 것이다.

인정받고 싶으면, 인정하라

황금과 같은 법칙이라는 의미에서 황금률이라 불리는 말씀이 있다.

그러므로 무엇이든지 남에게 대접을 받고자 하는 대로
너희도 남을 대접하라. 이것이 율법이요 선지자니라. 마태복음 7장 12절

어려서부터 이 말씀을 황금률이라고 들었지만, 이것을 왜 황금률이라고 하는지, 이 말씀의 깊은 의미를 깨닫기 전까지는 잘 몰랐다. 이전의 나와 같은 이들을 위해 이 말씀을 조금 깊게 보려고 한다.

이 말씀이 황금률로 잘 이해되지 않은 이유 중 하나는 '대접'이란 단어의 뉘앙스 때문인지 모른다. 본문의 의미는 영어 성경의 표현(So in everything, do to others what you would have them do to you)처럼 "어떤 일이든지 다른 사람들이 네게 해주기를 원하는 대로 너도 다른 사람에게 하라"는 것이다.

그런데 대접이란 단어를 들으면 먼저 떠오르는 것이 '식사 대접'이 아닐까 싶다. 대접에 대해 이렇게 느끼고 있는 사람에게는 "남에게 대접을 받고자 하는 대로 너희도 남을 대접하라"고 하면 "대접을 받으려면 대접을 먼저 하라"로 들릴 수 있다. 또한 이 말씀이 "다른 사람에게 대접받기 위해서는 먼저 대접해야 한다"는 것 같이 평범하게 들릴 수도 있다. 마음 한편으로는 '대접을 받기 위해 대접하는 것은 그렇게 아름다운 일 같지는

05_ 뛰어난 것은 인정해주라

않는데…' 하는 생각이 들 수 있다. 이렇게 되면 고개를 갸우뚱하고 '왜 사람들은 이 말씀을 황금률이라고 하지?' 할 수 있다.

이 말씀을 풀 수 있는 키는 '그러므로'이다. 그런데도 이 말씀을 해석할 때 '그러므로'는 그렇게 주목받지 못한다. '그러므로'가 있다는 것은 이 구절이 앞에 있는 말씀과 관계가 있다는 의미다.

이 구절 앞에 있는 내용은 우리가 잘 아는 "구하는 이마다 받을 것이요 찾는 이는 찾아낼 것이요 두드리는 이에게는 열릴 것이니라"이다. 예수님께서 기도하면 그 결과가 어떻게 될 것인가를 제자들에게 가르쳐주며 하신 말씀이다.

예수님이 이 말씀을 하시고 "너희가 악한 자라도 좋은 것으로 자식에게 줄 줄 알거든 하물며 하늘에 계신 너희 아버지께서 구하는 자에게 좋은 것으로 주시지 않겠느냐"고 반문하셨다. 그리고 바로 이어 말씀하신 것이 '그러므로'로 시작되는 황금률이다.

이 둘을 연결하면 이렇게 된다. "하늘에 계신 너희 아버지께서 구하는 자에게 좋은 것으로 주신다. 그러므로 무엇이든지 남에게 대접을 받고자 하는 대로 너희도 남을 대접하라."

여기서 중요한 것은 '하나님이 좋은 것으로 주신다'는 것이다. 우리가 다른 사람에게 해준 대로 하나님이 우리에게 해주신다. 하나님이 우리에게, 이것이 황금률의 핵심이다.

"너희가 다른 사람에게 받고 싶은 대로 다른 사람에게 하라. 그러면 하나님이 너희가 한 대로 너희에게 해주실 것이다." 예수님은 이 말씀을 하시며 한 예로 비판을 받고 싶지 않으면 비판하지 말라고 하셨다. 비판하지 않으면 하나님이 비판받지 않도록 해주시겠다는 것이다. 황금률에 인정을 대입하면, "네가 다른 사람을 인정하면 하나님이 다른 사람이 너를 인정하도록 해주신다"가 된다. 이것이 황금률이다.

행복하기를 원하면, 곁사람을 행복하게 해주면 된다. 인정받기 원하면, 곁사람을 인정해주면 된다. 잘되기를 원하면, 다른 사람을 잘되게 해주면 된다. 당신이 잘되기를 원하는 대로 다른 사람을 잘되게 해주면, 하나님이 당신을 잘되게 해주실 것이다.

당신이 다른 사람에게 받고 싶은 대로 다른 사람에게 하면, 하나님이 당신에게 그렇게 해주실 것이다. 이것이 당신이 다른 사람을 인정했는데 당신이 인정받는, 다른 사람을 행복하게 했는데 당신이 행복해지는 이유다.

우리가 하나님의 말씀에 순종해 다른 사람의 뛰어난 것을 찾아 인정해주면, 하나님이 좋아하시고 기뻐하신다. 하나님의 기쁨은 이내 그를 기쁘시게 한 우리 마음에 임한다. 하나님의 마음이 우리 마음과 동기화된다. 하나님을 기쁘시게 하면 우리가 기쁜 이유다. 이것이 행복이다.

하나님이 우리에게 행복을 주시는 또 하나의 방법은 다른 사람이 행복해하는 것을 보고 행복해하는 것이다. 앞서 살펴본 대로 하나님이 우리에게 말씀하시는 대인관계의 기본은 다른 사람에게 잘해주라는 것이다. 잘해주면, 인정해주면, 그 사람이 좋아하고 행복해한다. 이것을 보며 이번에는 우리가 행복해진다. 다른 사람이 행복해하는 것을 보면서 사람은 행복을 느낀다. 그래서 성경은 끊임없이 우리에게 사람을 기쁘게 하라고 하는 거다.

네 부모를 즐겁게 하며 너를 낳은 어미를 기쁘게 하라. 잠언 23장 25절

종들은 자기 상전들에게 범사에 순종하여 기쁘게 하고

거슬러 말하지 말며. 디도서 2장 9절

그런데도 안타깝게 자기 행복을 위해 사는 사람들이 있다. 행복하기를 원하면 다른 사람을 행복하게 해야 하는데, 이 진리를 모르다 보니 다른 사람을 행복하게 하는 대신 자기 자신을 행복하게 하기 위해 산다. 다른 사람을 인정하면 자신이 인정을 받는데, 이것을 모르다 보니 다른 사람을 인정하는 대신 다른 사람을 비판하고 비난하면 자신이 상대적으로 인정받을 것으로 오해한다.

인정하면 인정받는다. 안타깝지만 세상에는 이 단순한 진리를 모르고 사는 사람이 너무 많다. 다른 사람을 행복하게 해줘야 자기가 행복한데,

다른 사람을 인정해줘야 자기가 인정받는데, 이것을 모르다 보니 다른 사람을 불행하게 하면서 자기의 행복을 추구한다. 다른 사람을 인정하지 않으면서 자기는 인정받기를 바란다. 결과는 행복하지도, 인정받지도 못한다. 그래서 이 사람들이 더 화가 나는지 모른다.

바울은 모든 일에 모든 사람을 기쁘게 하며 살았다
바울은 로마교회에 편지를 써 보내면서 이렇게 말했다.

믿음이 강한 우리는 마땅히 믿음이 약한 자의 약점을 담당하고
자기를 기쁘게 하지 아니할 것이라.
우리 각 사람이 이웃을 기쁘게 하되 선을 이루고 덕을 세우도록 할지니라.
그리스도께서도 자기를 기쁘게 하지 아니하셨나니. 로마서 15장 1-2절

여기 보면 "우리 각 사람이 이웃을 기쁘게 하되"라는 말씀이 있다. 그렇게 해야 할 근거로 바울은 예수님을 들었다. 예수님은 자기를 기쁘게 하지 않으셨다. 우리도 자기를 기쁘게 하는 것이 아니라 우리 각 사람이 이웃을 기쁘게 해야 한다. 바울은 우리에게만 이렇게 요구하는 것이 아니다. 스스로 그는 그렇게 살았다. 바울이 고린도교회에 써 보낸 편지를 보면 이것을 알 수 있다.

유대인에게나 헬라인에게나 하나님의 교회에나 거치는 자가 되지 말고
나와 같이 모든 일에 모든 사람을 기쁘게 하여
자신의 유익을 구하지 아니하고 많은 사람의 유익을 구하여
그들로 구원을 받게 하라. 고린도전서 10장 32-33절

바울은 모든 일에 모든 사람을 기쁘게 하며 살았다. 그러면서 우리에게 너희도 나와 같이 살라고 한다. 진리를 모르는 사람은 억울하게 생각할지 모른다. 그럼 나는 뭐냐고 반문할지 모른다. 몰라서 하는 소리다. 모든 일에 모든 사람을 기쁘게 하면 모든 일에 내가 기쁘다.

우리는 이것을 인정에도 적용할 수 있다. 다른 사람을 기쁘게 하는 일 중 하나가 다른 사람을 인정하는 것이다. 다른 사람을 인정해주면, 그 사람이 기뻐한다. 그것을 바라보며 이번엔 우리가 기뻐한다.

이 진리를 안 사람들은 그래서 그렇게 함께하는 사람, 곁에 있는 사람을 행복하게 한다. CEO면 비서, 남편이면 아내, 부모면 자녀, 장군이면 참모, 의사면 간호사, 교장이면 교사, 교사면 학생, 목사면 장로, 담임목사면 부교역자를 기쁘게 해야 한다. 인정해야 한다. 행복하게 해야 한다. 그래야 자신이 인정받고, 행복하다.

여기서 한 가지, 우리가 다른 사람을 인정할 때, 내가 그를 인정했으니 이제는 그가 나를 인정할 것으로 기대하지 말아야 한다. 이것을 놓치면,

다른 사람을 인정한 후에 이제는 상대가 나를 인정할 차례라며 그의 인정을 기다릴 수 있다.

  기다려본 사람은 알겠지만, 기다려도 그 인정이 오지 않을 때가 있다. 오히려 반대인 경우도 있다. 우리는 다른 사람을 인정하고, 그 사람이 아닌 하나님을 바라봐야 한다. 다른 사람을 인정한 우리를 인정해 주시는 분은 하나님이다. 하나님이 인정해 주신다는 사실을 명심할 필요가 있다. 하나님이 반드시 인정해 주신다.

FOR A RELATIONAL HAPPINESS

사람과의 관계를 아름답게
06_ 가족은 돌아보라

하나님이 사람에게 돌아볼 가족을 주셨다. 세상을 창
조하시고 가정을 만들어 주셨다. 가정은 하나님의 작품이다.

이러므로 남자가 부모를 떠나 그의 아내와 합하여
둘이 한 몸을 이룰지로다. 창세기 2장 24절

가족, 이름만 들어도 마음이 따뜻하고, 생각만 해도 좋다. 가족은 사람의 첫 관계이자 마지막까지 이어지는 관계다. 가족은 특별한 공동체다. 하나님이 처음 가족인 아담과 하와네를 창조하신 후로 지금까지 이어지는 공동체다. 가족 해체를 예언하거나 주장한 사람이 많았지만, 그 예언은 늘 보기 좋게 빗나갔다. 하나님이 가족이란 공동체를 통해 인류를 번성하게 하시려는 계획을 갖고 계시기 때문에 세상의 종말이 오는 그날까지 가족공동체는 이어질 것이다.

가족은 서로의 버팀목이다

사람이 힘을 충전받는 곳으로, 하나님이 이 땅에 세우신 공동체가 둘이다. 하나는 가정이고, 하나는 교회다. 가정은 힘을 받는 곳이다. 가족은 힘을 빼는 사이가 아니라 힘을 주는 사이다. 하나님은 사람이 가정에서 힘을 받아 세상에 나가 힘쓰도록 디자인하셨다. 집에 들어와서 가족과 함께 밥을 먹고 잠을 잔 것밖에 없는 것 같은데도 회복이 되는 신기함이 가정에 있다. 같은 잠이라도 집에서 잔 잠과 밖에서 잔 잠이 다르다. 집에서 먹는 밥과 밖에서 먹는 밥이 다르다.

가족은 편하다. 화장하지 않아도 되고, 경쟁하지 않아도 되고, 무장하지 않아도 된다. 서로를 향한 그리움으로 가슴이 촉촉하다. 서로가 만들어준 아름다운 추억들로 인해 서로를 그리워한다. 가족은 봐도 또 보고 싶고, 줘도 또 주고 싶다. 서로의 버팀목이다. 가족은 연약한 것은 도와주고, 부족한 것은 채워주고, 허물은 덮어주고, 좋은 것은 말해주고, 뛰어난 것은 인정해주는 것을 학습하고 실천하는 사랑의 공동체다. 이것이 하나님이 만드신 가정, 가족의 원형이다.

결혼설명서대로 결혼하고 가정설명서대로 살아야 한다

그러나 안타깝게도 죄가 들어오면서 가정에 문제가 생겼다. 가정의 원형이 깨어졌다. 마땅히 사랑해야 할 가족을 미워하고, 시기하고, 가족이 서로 다투는 일이 생겼다. 심지어 형이 동생을 죽이는 안타까운 지경에 이르렀다. 가족이 원수가 되는, 가슴 아픈 일이 생기기도 했다. 가족으로 인한 아름다운 추억 대신, 가족에게 받은 상처 때문에 괴로워하는 이가 생겼다. 우리 주변에 가족에게 상처를 받았다는 사람이 왜 그리 많은지, 안타깝기 그지없다. 가족에 대한 서운함과 섭섭함이 분노와 적개심으로 번져 그 인생을 불사르고 있는 이들도 있다. 가족관계를 애증 관계라고 표현하기도 한다. 가족을 생각하면 증오가 올라오고, 가족을 생각하면 화가 나고 슬퍼진다는 사람이 있다.

가정은 회복되어야 한다. 가족은 살아나야 한다. 우리가 예수 안에서 새롭게 된 것처럼, 우리의 가정도 새롭게 되어야 한다. 우리의 가족도 거듭나야 한다. 처음 가정, 처음 가족으로 회복되어야 한다.

가정을 살리는 길, 가족이 새롭게 되는 길은 말씀대로 하는 것이다. 가정을 지으신 하나님의 지침대로 해야 한다. 결혼설명서대로 결혼하고, 가정설명서대로 살아야 한다.

하나님은 우리에게 가족을 사랑하라고 하신다. 아내를 사랑하고, 남편을 사랑하고, 부모를 사랑하고, 자녀를 사랑하라고 하신다. 이 말씀대로 해야 한다. 그래야 가정이 살아난다.

가족과 관련해 두 극단이 있다. 오로지 자기 가족만 아는 사람이 있고, 반대로 자기 가족을 돌아보지 않는 사람이 있다.

하나님의 선물인 가족은, 그 자리에 둬야 한다

자기 가족만 아는 사람은 이웃은 물론이고 심지어는 형제나 일가친척도 안중에 없다. 동생이나 형이 어렵게 사는 것은 관심도 없고, 상관하지도 않는다. 오직 자기 아내와 자식만 알고, 그들만을 위해 산다. 심지어는 부모도 돌아보지 않고, 오직 자기 내외와 자녀만 챙긴다. 가족은 사랑해야 한다. 그러나 가족만 사랑해서는 안 된다. 우리에게는 가족 외에도 사랑해야 할 형제와 자매가 있고, 친구와 친척이 있고, 이웃이 있다. 우리의 관심과 사랑이 가족으로 한정되어서는 안 된다. 담을 넘어야 한다.

가족은 하나님이 주신 선물이다. 아내와 남편, 자녀와 부모. 모두가 하나님이 주신 선물이다. 복이다. 선물은 선물로 받아야 하고, 복은 복으로 받아야 한다. 하나님이 주신 선물, 하나님이 주신 복을 우상으로 만들어서는 안 된다. 자녀가 귀하지만 자녀의 자리는 언제나 하나님 다음이어야 한다. 자녀는 주의 교양과 훈계로 양육해야 한다. 우리 인생의 중심과 삶의 목적은 언제나 하나님이 되어야 한다. 하나님을 위하여, 주님을 위하여 사는 삶이 되어야 한다. 가족이 하나님의 자리를 대신 차지해서는 안 된다. 예수님께서 "아버지나 어머니를 나보다 더 사랑하는 자는 내게 합당하지 아니하고 아들이나 딸을 나보다 더 사랑하는 자도 내게 합당하지 아니하다(마 10:37)"는 말씀의 의미가 바로 이것이다.

가족은 돌아봐야 한다

또 하나의 극단은 가족을 돌아보지 않는 것이다. 가족이나 남이나 똑같이 대하는 것이다. 가족 대하듯이 남을 대하는 것이 아니라 남 대하듯이 가족을 대하는 것이다. 다른 사람 일은 돌아보면서 정작 자기 가족 일은 돌아보지 않고, 가족을 부양해야 할 가장이 그 일은 하지 않고 여기저기 봉사만 하러 다니는 경우도 있다. 이것들은 하나님께 책망받을 일이다.

하나님은 "누구든지 자기 친족 특히 자기 가족을 돌보지 아니하면 믿음을 배반한 자요 불신자보다 더 악한 자(딤전 5:8)"라고 하셨다. 얼마나 단호한 말씀인지 모른다. 예수 믿는다고 하면서 가족을 돌아보지 않는 사람을 하나님은 성경을 통해 단호하게 책망하셨다. 믿음은 가족을 사랑하는 것으로 증명되어야 한다. 그런데 가족을 돌아보지 않는 사람 중에는 그 근거를 성경에서 찾는 이도 있다.

예수께서 이르시되 내가 진실로 너희에게 이르노니 나와 복음을 위하여

집이나 형제나 자매나 어머니나 아버지나 자식이나 전토를 버린 자는
현세에 있어 집과 형제와 자매와 어머니와 자식과 전토를
백 배나 받되 박해를 겸하여 받고 내세에 영생을 받지 못할 자가 없느니라.
마가복음 10장 29-30절
내가 세상에 화평을 주러 온 줄로 생각하지 말라 화평이 아니요
검을 주러 왔노라. 내가 온 것은 사람이 그 아버지와, 딸이 어머니와,
며느리가 시어머니와 불화하게 하려 함이니
사람의 원수가 자기 집안 식구리라.
아버지나 어머니를 나보다 더 사랑하는 자는 내게 합당하지 아니하고
아들이나 딸을 나보다 더 사랑하는 자도 내게 합당하지 아니하며
또 자기 십자가를 지고 나를 따르지 않는 자도 내게 합당하지 아니하니라.
자기 목숨을 얻는 자는 잃을 것이요
나를 위하여 자기 목숨을 잃는 자는 얻으리라. 마태복음 10장 34-39절

    이 말씀을 근거로 자기는 복음을 위하여 가족을 돌아보지 않는다고 주장하는 경우가 있다. 가족과 불화하며, 이것이 예수님이 이 세상에 오신 목적이 이루어진 것이라고 주장한다.

    이 말씀은 그런 의미가 아니다. 가족을 우상으로 만들지 말라는 의미지, 가족을 돌아보지 말라는 말씀이 아니다. 예수님이 삶의 1순위가 되어야 한다는 것을 강조한 말씀이다. 그 어떤 것보다, 심지어 그것이 목숨

이라 할지라도 그것을 예수님보다 우선에 두어서는 안 된다는 것을 강조한 말씀이다. 예수와 목숨 둘 중의 하나를 택해야 할 순간에 예수를 택하는 것이 순교다. 이 말씀은 그리스도인의 삶의 자세가 바로 이런 순교자의 삶이어야 한다는 것을 강조한 것이다. 그런데 이 말씀을 가족을 돌아보지 않고, 가족과 불화하는 것을 정당화하는 근거로 삼아서는 안 된다.

가족, 끝까지 함께 갈 사람이다

가족은 돌아보아야 한다. 가족은 사랑해야 한다. 가족을 예수님보다 더 사랑하는 것이 문제지, 가족을 사랑하는 것은 하나님께 상 받을 일이다. 가족은 조금 특별하게 사랑해도 된다. 이웃집 아이를 자녀와 똑같이 해주지 못한 것으로 힘들어하지 않아도 된다. 어떤 사람은 이웃집 애를 자기 자녀처럼 해주지 못했다고 죄책감을 갖기도 한다. 이러지 않아도 된다. 남의 애를 내 자녀처럼 사랑할 수 없다고, 내 자녀를 남의 집 애처럼 대해서는 안 된다. 하나님이 그 자녀에게 특별한 사랑을 부어주시듯이, 우리가 자기 자녀에게, 자기 가족에게 특별한 사랑을 부어주는 것을 누가 뭐라고 하지는 않는다.

어쩌면 우리와 가장 많은 시간을 함께하는 사람이 가족이다. 끝까지 함께 갈 사람도 가족이다. 우리가 힘들고 어려울 때, 마지막까지 우리 곁을 지켜줄 사람도 가족이다. 아파서 병원에 입원하면, 우리 곁을 가족이 지킨다. 다른 사람들이 다 떠난 뒤에도 가족은 남는다.

가족이 편하다는 이유로 소홀히 하고 함부로 대해서는 안 된다. 가족은 소중한 사람이다. 소중한 사람은 소중하게 대해야 한다. 중요한 사람은 중요하게 대해야 한다. 가족에게 친절해야 한다. 다른 사람 전화는 친절하게 받으면서 가족 전화는 용건만 말하고 빨리 끊으라고 하면 안 된다. 가족을 행복하게 해줘야 한다. 가족이 행복해야 그 가족의 행복을 바라보는 당신도 행복하다.

가정은 관계를 배우는 생의 첫 학교다

이스라엘로 성경지리연수를 갔을 때, 베두인들이 치던 양이 들에서 새끼를 낳는 것을 보았다. 놀라운 사실은 막 태어난 양이 얼마 지나지 않아 걷는 것이다. 이론적으로 알고 있었던 일이지만 막상 눈으로 보니 신기했다. 양이나 염소와 달리 사람은 태어나서 부모의 돌봄을 받아야 산다.

부모의 돌봄이 없이는 생존이 불가능한 존재가 사람이다. 하나님이 왜 사람은 이렇게 지으셨을까. 관계 속에서 살아야 하는 사람이 관계를 맺고 관계를 배우는 장으로 가정을 디자인하신 하나님의 뜻이 이 가운데 들어 있다.

부모의 돌봄을 받으며 자란 한 남자와 여자가 만나 결혼한다. 그러면 한 가정이 새로 생긴다. 가정의 최소 단위는 남편과 아내다. 이들이 결혼해서 살면서 자녀를 낳는다. 이 자녀가 결혼하면 또 새로운 가정이 생긴다. 결혼해서 사는 동안, 자녀를 양육해서 결혼시키기까지, 그리고 그 후까지 가족관계는 계속 이어진다. 부부관계, 부모와 자녀 관계는 어쩌면 가장 가까이에서 가장 많은 시간을 함께하는 관계가 아닐까 싶다.

성경을 보면 가정의 기본 구성원인 남편과 아내가 어떤 관계를 맺어야 할지, 그리고 부모와 자녀가 어떤 관계를 맺어야 할지가 소상하게 기록되어 있다. 그것을 같이 나누고 싶다.

가정을 천국으로 만드는 공사 시방서

가정은 하나님의 작품이다. 사람이 고안해 낸 제도가 아니다. 하나님은 가정을 통해 그의 백성들이 이 땅에서 천국을 미리 경험하도록 하셨다. 하나님은 가정과 교회를 통해 우리가 천국을 미리 경험하길 원하신다.

우리는 우리의 가정을 천국을 미리 사는 곳으로 바꾸는 공사 중이다. 공사의 기본은 설계도대로 시공하는 것이다. 현장 소장이 임의대로 시공해선 안 된다. 공사는 시방서(示方書)대로 해야 한다. 가정을 천국으로 만드는 공사도 마찬가지다. 이 공사를 위해 하나님이 주신 설계도가 있고 시방서가 있다. 설계도에 다 담지 못한 세밀한 것이 시방서에 담겨 있다. 우린 그 설계도대로, 시방서대로 가정을 천국으로 만드는 공사 중이다.

시방서 1 떠나라

결혼을 통해 부모와의 관계에 변화가 생긴다. 성경은 결혼을 "이러므로 남자가 부모를 떠나 그 아내와 연합하여 둘이 한 몸을 이루리로다(창

2:24"라고 정의한다. 결혼은 부모를 떠남으로써 시작된다. 부모를 떠난다는 것은 결정권의 이양을 의미한다. 그동안 부모에게 있던 자녀의 결정권이 결혼을 통해 자녀에게 옮겨지는 것이다. 결혼을 통해 부모는 자녀에게 결정권을 넘겨주고, 자녀는 부모에게 결정권을 넘겨받아 결정한다. 이것이 결혼이고 이것이 독립이다.

어떤 의미에서 부모는 탯줄을 두 번 자른다. 한 번은 자녀를 출산한 후, 또 한 번은 결혼시키면서다. 가끔은 탯줄을 한 번만 자르는 경우도 있다. 자녀를 결혼시킨 후에도 계속 결정권을 부모가 갖고 있는 경우다. 안타까운 일이다. 자녀를 낳고 탯줄을 끊지 않는다면, 어떤 일이 벌어지겠는가. 그건 사랑이 아니다. 부모와 자녀 모두에게 불행이다. 탯줄을 끊어야 둘 다 산다.

시방서 2 도우라

결혼은 왜 하는가. 여러 가지 이유가 있지만, 성경은 돕기 위해서라고 한다. 결혼은 서로 돕기 위해 하는 것이다. 돕기 위해 결혼하면, 가정을 통해 천국을 경험할 수 있다. 가족 구성원 모두가 서로 돕겠다니 당연히 천국이다.

도움을 받기 위해 결혼하면, 그 가정에서 천국 맛을 보기는 어렵다. 서로가 왜 안 도와주냐고 불평하는 가정에서 천국을 경험하는 것은 무리다. 배우자에게 연약함이 발견되면, 그건 내가 도와야 할 부분이다. 배우자를 바로잡는 게 결혼이 아니라 배우자를 돕는 게 결혼이다. 잔소리와 바가지 대신 용납과 도움이 있는 가정, 거기서 우리는 천국을 미리 산다.

시방서 3 소중히 여기라

최초의 가정인 아담네 집에선 남편이 아내를 향해 이렇게 말했다. "이는 내 뼈 중의 뼈요 살 중의 살이라." 아내가 자신의 신체 중 일부가 아니라 전부라는 고백이다. 아내와 난 하나라는 말이다. 아내는 곧 내 생명이라는 고백이다.

우리말 중에 '부부는 돌아누우면 남'이라는 말이 있다. 이런 마음을 갖고 살면서 가정천국이 이루어지길 원한다면 무리한 욕심이다. 그 집은 공사를 새로 해야 한다. 아내를 무시하고 함부로 하는 집, 심지어 아내를 욕하고 때리는 집은 리모델링이 필요하다. 아내를 소중히 여기는 남편, 남편을 귀중히 여기는 아내, 부모를 존경하는 자녀, 자녀를 귀히 여기는 부모가 있는 집, 거기서 천국은 실현된다.

시방서 4 벌거벗으라

하나님이 지으신 첫 번째 가정에 살던 남편과 아내, 두 사람은 벌거벗었으나 부끄러워하지 않았다. 우리는 시방서대로 벌거벗어야 한다. 자존심의 옷도 벗고 위선과 가식의 옷도 벗고 거짓의 옷도 벗어야 한다. 부부는 자존심을 세우는 사이가 아니다. 자존심의 옷을 두껍게 입고, 거짓의

코트를 걸치고 정이 들길 바라는 것은 무리다. 옷을 벗어야 정이 든다. 있는 그대로 보여주고, 그 모습 그대로 보아주는 게 결혼이다. 감추지 않고, 지갑 따로 차지 않고, 다 드러내고 다 보여주고도 부끄럽지 않은 집, 마음 놓고 옷을 벗을 수 있는 집, 거기서 우리는 천국을 경험한다.

시방서 5 피차 순종하라

가정에서 천국을 누리는 사람들의 공통점이 있다. 그 안에 순종이 있다. 순종은 가정을 천국으로 만든다. 가정에서 경험하는 천국은 순종과 비례한다. 이게 없고 저게 모자라도 순종이 있는 가정은 행복하다.

하나님은 아내들을 향해 남편에게 순종하라, 자녀들에게는 부모에게 순종하라고 하셨다. 이것을 가부장제 지지로 오해하는 일은 없어야 한다. 그러면 예수 믿은 후에도 여전히 가부장제 아래 머물 수 있다. 가족 구성원의 의견이나 감정은 무시하고, 모든 결정을 독단적으로 하고 일방적으로 순종을 강요하는 일은 그리스도인 가정에서는 없어야 한다. 성경은 이렇게 가르치지 않는다.

성경은 부모에게 자녀를 노엽게 하지 말라고, 남편에게 아내를 괴롭게 하지 말라고 엄히 명한다. 가부장제 아래 있는 남편이나 부모처럼 하지 말라는 말이다. 오히려 성경은 남편에게 아내를 위해 희생하라고 한다. 가정에서 희생은 아내 몫 같은데, 성경은 남편에게 희생하라고 한다. 성경은 남편들을 향해 "아내 사랑하기를 그리스도께서 교회를 사랑하시고 그 교회를 위하여 자신을 주심 같이 하라(엡 5:25)"고 한다. 교회를 향한 예수님의 사랑은 교회를 위해 자신의 몸을 주신 사랑이다. 예수님은 영광스러운 교회로 세우시기 위해 십자가에서 죽기까지 복종하셨다. 성경은 예수님이 이렇게 하신 것처럼 남편들에게 아내를 위해 너희도 이렇게 하라고 한다.

하나님은 몸 된 아내를 세우라고 남편을 머리로 세우셨다. "아내들이여, 자기 남편에게 복종하기를 주께 하듯 하라"는 말씀 바로 앞 구절이 "그리스도를 경외함으로 피차 복종하라"임을 기억해야 한다. 예수님은 죽기까지 복종하셨다. 피차 복종하는 가정에 천국이 임한다.

하나님은 가정의 질서를 위해 남편을 머리로 세우셨다. 남편에게 순종하는 아내가 있는 집이 천국이다. 아내는 남편이 연약함이 있고 부족함이 있고 허물이 있어도 하나님이 그를 나의 머리로 세우셨음을 겸손히 인정하고 순종해야 한다. 하나님이 아내의 행복을 위하여 남편에게 순종하라고 하시는 것이다. 순종하면 행복하다.

시방서 6 서로 사랑하라

사랑이 있는 가정, 거기서 천국이 이루어진다. 천국을 이루고 있는 가정을 찾아가 보니 거기 사랑이 있었다. 사랑이 없으면서 천국을 이루는 집은 없었다. 가정천국은 사랑으로 지어진다.

사랑의 공식은 일반 공식과 다르다. 내 안에 50이라는 사랑이 있다고 하자. 어느 사람이 내게 30의 사랑을 요구했다. 내가 그에게 30을 주면, 나는 얼마가 남는가. 사람들이 들고 있는 계산기로 계산하면 20이 남는다. 하지만 사랑의 계산법은 다르다. 사랑의 계산기로 하면 80이 된다. 30을 주었음에도 줄지 않고 오히려 늘어나는 것, 이것이 사랑의 신비다. 80에서 50을 주면 130이 되고, 150에서 150을 주면 300이 된다. 이렇게 점점 늘어난다. 50을 갖고 있는데 30을 줄 곳이 생겼지만, 아까워 주지 않으면 그 50은 20으로 줄어든다. 이것이 사랑의 방정식이다.

"사랑할 만한 구석이 있어야 사랑을 하지요"라는 남편들의 말은 "존경하고 순종할 만해야 순종하지요"라는 아내들의 말과 많이 닮았다. 예수님은 완전한 자, 온전한 자만을 사랑하라고 하시지 않았다. 사랑스러운 자만을 사랑하라는 것도 아니다. 예수님은 허물 많고 추한 우리를 위해 생명을 바치셨다. 아내가 완전할 때까지, 사랑스러워질 때까지 기다리지 말라. 어쩌면 그날은 안 올지도 모른다. 지금 바로 사랑하라. 사랑은 아내를 변화시킬 것이다. 사랑은 사람을 변하게 한다. 사랑은 사람을 순전하고 깨끗하고 흠이 없는 새로운 사람으로 바꾸는 놀라운 능력이다.

시방서 7 공경하라

공경이 있는 가정, 거기 천국이 이루어진다. 가정천국은 네 개의 기둥이 받치고 있다. 그것은 바로 순종, 사랑, 공경, 양육이다. 이 네 기둥이 가정천국의 기둥이다. 자동차로 말하면, 이 넷이 바퀴다. 우리는 주기적으로 이 네 기둥을 찾아볼 필요가 있다. 순종, 사랑, 공경, 양육. 이 넷을 찾았다면 당신의 집은 천국이다. 아름다운 천국이다. 두 개는 찾았는데 두 개는 없거나 낡았다면, 낙심할 필요는 없다. 이제 그 두 기둥을 새로 만들어 세우고 보수하면 된다.

지금은 공경 기둥 공사 중이다. 안전진단부터 먼저 해야 한다. 현재 있는 공경 기둥이 튼튼한지, 보강해야 할지, 헐고 새로 세워야 할지를 따져봐야 한다. 공경은 힘이 든다. 돈도 들고 신경도 많이 쓰인다. 그래서 사람들이 공경하라는 말을 짐으로 여기는지 모른다. 부모를 공경하라. 이 말은 곧 잘되고 장수하라는 축복이다. 공경에는 조건이 없다. 부모가 어떤 분이든, 우리에게 어떻게 했든, 우리는 부모를 공경해야 한다.

공경은 존경이다. 부모를 공경하는 것은 부모를 존경하는 것이다. 부모에 대해 함부로 말하지 않는 것이다. 국민교육헌장이란 걸 외우느라고 애쓰던 어린 시절이 있었다. 거기 보면 "우리는 민족중흥의 역사적 사명을 띠고 이 땅에 태어났다"는 구절이 있다. '부모공경헌장'을 하나 만들었으면 좋겠다, "우리는 부모님의 허물과 실수를 가려드리고 존경할 사명을 띠고 이 땅에 태어났다"로 시작하는.

자녀는 부모의 축복을 먹고 자란다

수년 전에 사랑하는 자녀들을 축복하는 글을 하나 썼다. 그것을 프린트해 아이들 책상 앞에 붙여주었다. 아내는 그것을 잠들기 전에 아이들에게 읽어주었다. 아이들이 얼마나 좋아하던지…. 또한 그 축복대로 하나님이 자녀들에게 복을 주실 것을 생각하니 기분이 좋았다. 혼자만 그것을 사용하는 것이 아까워 교회 홈페이지에 올렸다. 많은 성도가 그걸 프린트해서 자녀들에게 읽어주며 축복했다. 그것이 '은총을 입은 아들아, 은총을 입은 딸아'이다.

'은총을 입은 아들아'는 이렇게 시작한다.
"귀한 아들 은형아, 너는 복 있는 사람이란다. 너는 의인이란다. 이것은 예수님을 믿는 너를 향한 하나님의 선포란다."
내 사랑하는 자녀가 어떤 사람인지를 자녀에게 먼저 알려주는 거다. 너는 복 있는 사람이고, 의인이다. 이렇게 말하는 근거는 예수 그리스도를 믿는 자녀의 믿음이다.
이어서 예수 믿는 자녀가 받을 복이 어떤 것인지를 일러준다.
"복 있는 사람 은형아, 너는 그 행사가 다 형통할 거야. 의인이 된 나의 사랑하는 아들아, 네게는 그 원하는 것이 이루어질 거야. 복의 통로인 아들아, 네가 만나는 모든 사람과 네가 밟는 모든 땅이 너로 인하여 복을 받을 거야. 감사를 아는 아들아, 여호와께서 네 모든 물산과 네가 손을 댄 모든 일에 복을 주실 거야. 너는 하늘의 신령한 복과 땅의 기름진 복과 생명의 복을 받을 사랑하는 내 아들이란다."
아빠와 엄마의 입을 통해 이 사실을 전해 듣게 될 우리 자녀들이 얼마나 기쁠까. 이것은 단지 우리 아이들의 귀만 즐겁게 하는 것이 아니다. 하나님이 그대로 이루어주신다. 우리 말이 하나님의 귀에 들린 대로 하나님이 우리 자녀들에게 행하신다.

이어서 우리 자녀가 어떤 인생을 살게 될 것인지 미리 그려준다.

"풍성한 삶을 살게 될 아들아, 너는 평생 손을 펴 나누어주며 꾸어주며 살 거야. 존귀한 아들아, 넌 하나님과 사람 앞에 은총과 귀중히 여김을 받을 거야. 하나님의 사랑을 입은 아들아, 네 인생은 사랑으로 풍성할 거야. 믿음의 아들아, 너는 항상 기뻐하며 쉬지 않고 기도하며 범사에 감사하며 살 거야."

"아들아, 기뻐하거라. 너는 하나님이 마음 놓고 복을 주실 복의 표적이란다."

그렇다. 우리 아이들은 복의 표적이다. 복이 지금 우리 아이들을 향해 임하고 있다.

"새벽이슬 같은 아들아, 현숙하고 지혜로운 여인이 평생 너와 함께할 거야. 은혜와 진리가 충만한 아들아, 네가 어디를 가든지 네 주변에 너를 돕는 사람이 많을 거야. 영원한 평안과 안전을 누릴 아들아, 네 몸은 건강하고 생명은 길 거야. 많은 사람을 옳은 데로 돌아오게 할 아들아, 너는 하늘에 별과 같이 빛날 거야. 총명한 아들아, 네 명철의 근원인 하나님의 지혜가 평생 너와 함께할 거야. 심령의 낙을 누리며 살 아들아, 넌 천국을 경험하며 천국을 확장하는 인생을 살 거야. 아들아, 평강의 하나님이 때마다 일마다 너와 함께하시며 네 마음과 생각을 지켜주실 거야. 착한 아들아, 네 영혼이 잘됨같이 너는 범사에 잘되고 강건할 거야."

'은총을 받은 아들아'는 이렇게 끝을 맺는다.

"나의 면류관인 보석 같은 아들아, 네 인생은 기대되는 인생이란다. 복을 품은 너 하나님의 사람아, 신구약 성경에 기록된 모든 복이 네게 임하리라."

글 아래에 아빠와 엄마 그리고 목사의 이름을 쓰고 사인을 하는 칸을 만들었다. 나는 아빠 칸과 목사 칸에 사인을 했다. 하나님이 그대로 이루어주실 것을 믿는 믿음의 사인이다. 성도들에게 자녀 이름을 일일이 넣어 컬러로 프린트해서 액자에 넣어 선물했다. 이걸 받아 든 성도들이 행복해했다. 성도들 가정 중에 잠자리에 들기 전, 이걸 읽어주며 자녀를 축복하는 일이 일상화 된 가정도 있다. 날마다 부모가 자기 이름을 부르며 하는 축복을 받고 잠자리에 드는 우리 아이들은 분명 복 된 아이들이다.

관계에 말이 차지하는 비중이 크다. 만약 내가 『말의 힘』을 출판하지 않았다면, 당연히 말이 이 책의 상당 부분을 차지했을 것이다. 부부의 말은 『말의 힘』에 맡겼다. 그렇다고 말을 다 들어내지는 않았다. 이 책 곳곳에 말이 들어 있다.

오래전에 쓴 '지혜로운 아내의 입술'이란 제목의 글이 있다. 그것을 오랜만에 읽는데, 왜 남편의 입술은 없을까 하는 생각이 들었다. 운율을

'지혜로운 아내의 입술'과 비슷하게 맞춰 '남편의 입술'을 새로 썼다. 나도 한 아내의 남편인지라, 좀 찔렸지만, 이런 입술이 되기를 소망하는 마음으로 썼다. 새로 쓴 '남편의 입술'에 오래전 쓴 '지혜로운 아내의 입술'을 이어 붙이려고 한다. 남편과 아내가 마주 앉아 서로에게 이것을 읽어주며 "맞다, 맞아, 딱 내 말이네"하며 파안대소하는 상상을 하면서.

남편의 입술

아내를 사랑하는 남편은 입을 열어 말합니다.
"애썼어요. 고마워요. 당신 덕에 내가 사네요."

웃으며 말하는 남편의 아내는
미소가 아름답습니다.

희망을 말하는 남편의 입술은
아내의 밝은 미래입니다.

부드러운 남편의 얼굴은
아내의 안정제입니다.

욱하지 않는 남편은

아내의 안전지대입니다.

끝까지 들어주는 남편이 있어
아내는 목마르지 않습니다.

부드러운 남편의 혀는
아내의 하루를 부드럽게 합니다.

사려 깊은 남편의 입술은
피곤한 아내의 가슴에 생기를 불어넣습니다.

사랑한다는 남편의 말은
아내의 자존감을 높여줍니다.

남편이 목소리를 낮추면
아내의 행복 볼륨은 올라갑니다.

남편의 온유한 말은
아내의 마음을 움직입니다.

남편의 고운 말은

아내의 품격입니다.

남편의 칭찬은

아내를 금과 같이 빛나게 합니다.

아내를 귀히 여기는 남편은 고백합니다.

"당신은 하나님이 내게 주신 복입니다."

지혜로운 아내의 입술

지혜로운 아내의 혀는

양약(良藥)과 같고

그 혀는 생명의 샘입니다.

아내의 인정은

남편의 품격을 높입니다.

보배로운 아내는

입을 열어 말합니다.

"잘했어요. 잘될 거예요. 제가 기도할게요."

현숙한 아내의 혀는
남편을 당당하게 합니다.

아내의 칭찬은
금같은 남편을 만듭니다.

당신은 할 수 있다는
아내의 한마디는
남편에게 힘을 줍니다.

아내의 선한 말은
남편을 행복하게 합니다.

학자의 혀를 가진 아내는
남편이 피곤할 때
말로 어떻게 도와줄 줄 압니다.

아내의 아름다운 말은
남편의 면류관입니다.

관계행복

행복한 아내는 그 입술로 고백합니다.

"당신은 하나님이 내게 주신 선물입니다."

여자 나라말을 배우라

행복한 관계를 위한 팁 하나, 남편들과 아내들에게 나누고 싶다.

하나님은 남편들에게 "지식을 따라 너희 아내와 동거하라"고 말씀하셨다. '지식을 따라'를 '말씀을 따라'로 해석할 수 있다. 또한 아내에 대해 공부해서 아내를 알고 그 아내와 함께 살라는 말로도 적용할 수 있다.

남편들이 아내를 사랑하기는 하는데 그것이 아내에게는 사랑으로 전해지지 않는 경우가 있다. 남자는 그것이 사랑이라고 생각하는데 아내에게는 그렇게 느껴지지 않는 경우가 있다. 남자가 아내를 사랑하기 위해서는 아내에 대한 지식이 필요하다. 더 정확히 이야기하면 여자에 대한 지식이 있어야 한다. 하나님이 사람인 우리에 대해 아셨던 것처럼 말이다.

하나님은 우리의 체질을 아시며 우리가 진토임을 기억하신다. 사람을 아시는 하나님은 우리를 사람으로 대해주셨다. 우리를 이해해 주시고 우리의 마음을 헤아려 주셨다. 엘리야가 토라졌을 때, 그래서 로뎀나무 아래서 하나님을 향해 죽기를 원하여 "여호와여 넉넉하오니 지금 내 생명을 거두시옵소서. 나는 내 조상들보다 낫지 못하니이다" 할 때도 하나님은 그냥 그 말을 다 들어주셨다. 아무 말도 하지 않고 다 들어주셨다. 야단치는 대신 숯불에 구운 떡과 물 한 병을 천사를 통해 보내주시고 어루만져주셨다.

예수님도 마음에는 원이로되 육신이 약한 우리를 아신다. 자기 오빠가 병들었을 때 그 소식을 듣고 바로 오시지 않았다고 토라진 마르다와 마리아를 예수님은 찾아가셨다. 토라져서 예수님이 오셨다는 소식을 듣고도 집에 앉아 있는 마리아가 올 때까지 마을 어귀에서 기다려주신 분이 예수님이다. 예수님은 사람의 마음을 이해하고 풀어주셨다.

아내들이 토라질 때가 있다. 힘들고 어려워서 이런저런 투정을 남편 앞에서 할 때가 있다. 이럴 때는 예수님이 하신 것처럼 하면 된다. 그냥 들어주면 된다.

얼마나 힘드냐고, 많이 힘들겠다고 따뜻하게 한마디 해주면 된다. 연년생 사춘기 자녀 둘을 두고 있는 아내가 때로 힘에 부쳐 저녁에 퇴근해 돌아온 남편 앞에서 애들 이야기를 할 수 있다. 짜증이 섞였을 수도 있고, 애들에 대해 섭섭한 마음이 섞였을 수도 있다. 이럴 때는 어떻게 엄마가 돼서 그런 얘길 할 수 있느냐고 맞는 말을 하지 말아야 한다. 그렇게 힘드냐고, 내가 힘이 되어주지 못해 미안하다고, 미력하지만 내가 힘이 되어주겠다고 해야 한다.

남자들은 이런 상황이 되면 답을, 문제의 해결책을 제시하려고 한다. 그러지 말라. 그저 들어주라. 아내들이 원하는 것은 답이 아니다. 해결책이 아니다. 경제적으로 아내가 힘들다고 이야기할 때 "돈은 다 어디다 쓰고 돈타령이냐", "도대체 살림을 어떻게 하는 거야. 가계부 가져와 봐." 이러면 안 된다. 그럼, 아내는 "살림을 당신이 해봐요" 소리칠 것이다. 그러면 남편은 "내가 못 할 것 같아? 그래, 내가 한다, 내가 해!" 맞받을 것이다. 그러면 이야기는 더 이상 진행되지 않는다. 그다음부터는 싸움이다. 재정적인 어려움을 토로하는 아내에게 "그럼 나보고 나가서 도둑질해 오라는 거냐"고 소리를 질러서도 안 된다. 아이 학원도 끊고 외식도 줄이고, 옷도 있는 옷 입고 살면 될 것 아니냐고 정답을 제시하는 것도 지혜가 아니다.

아내가 답을 몰라서 그러는 것이 아니다. 남편에게 알아달라고 하는 소리다. 그냥 들어달라는 것이다. 내 마음 좀 알아달라는 것이다. 얼마나 힘드냐는 말 한마디 듣고 싶어서 한 말이다.

여자들은 이럴 때 남편이 답을 제시하거나 해결책을 제시하거나 맞는 말을 하면 화가 난다. 명절에 시댁을 다녀온 후 힘들어 하소연하는 아내에게 "그럼 다음부터는 명절에 안 가면 되잖아. 안 가면 될 걸 왜 갔다 와서 이렇게 힘들게 해. 그런 마음이라면 가지 마. 우리 엄마도 그런 거 원치 않아. 명절에 시댁 한 번 가는 게 무슨 유세라고…" 이러면 안 된다. 그냥 들어주면 된다. 알아주면 된다. 아내는 어떻게 해야 하는지 답을 이미 알고 있다. 다만 그렇게 할 수 있는 힘이 없어서, 그 힘을 남편에게 받고 싶은 것이다.

남자 나라말을 배우라

남자 나라말과 여자 나라말이 다르다. 아내가 남자 나라말을 배워 남자 나라말로 해주면 남편은 알아듣기가 쉬울 것 같다. 아니면 남편이 여자 나라말을 배우면 아내 말이 들릴 것이다.

남편에게 "여보, 나 지금 많이 힘들거든. 얼마나 힘드냐고 한마디 해주고, 내 손 좀 잡아줘"라고 남자 나라말로 해주면 남편들은 다 알아듣고 손을 잡아줄 것이다. 손만 잡아주겠는가. 그러나 그것을 여자 나라말로 하면 남편들은 못 알아듣는다.

나 좀 알아달라는 말을 남편이 알아듣지 못하는 여자 나라말로 하니 남편은 그것을, 대책을 세워달라는 말로, 답을 가르쳐달라는 소리로, 때로는 욕하는 소리로, 도전하는 소리로, 불평하는 소리로 듣는 것이다. 알아듣지 못한 여자 나라말을 자기 나름대로 해석한 결과다.

아내가 힘든 것을 꺼내기만 하면 이내 언성이 높아지는 이 안타까운 상황을 개선하기 위해 남편들은 부지런히 여자 나라말을 배워야 한다. 어쩌면 남편에게는 외국어를 배우는 것보다 여자 나라말을 배우는 것이 더 시급한 일인지 모른다. 왜 어학원에서는 영어와 일어, 중국어만 가르칠까. 어디 남자 나라말을 가르쳐주고 여자 나라말을 가르쳐주는 학원은 없을까. 학원 중에는 없는 것 같다.

성령의 은사 중에 방언 통역의 은사가 있다. 물론 이것은 은사적인 의미의 그 방언과 방언의 통역을 일컫는 것이다. 혹 이 은사를 받으면 남자 나라말도 통역이 되고, 여자 나라말도 통역이 되면 얼마나 좋을까. 남자 나라말이 여자 나라말처럼 들리고, 여자 나라말이 남자 나라말처럼 들리는 은사가 있다면, 남편과 아내 모두 다 받았으면 좋겠다.

　세계 어디를 가도 통하는 말이 있다. '땡큐'와 '쏘리', 고마워요, 미안해요. 아내가 힘들어할 때 대부분 통하는 여자 나라말이 있다. "힘들겠다, 얼마나 힘들었어, 당신 그 수고 내가 알아, 당신 마음 내가 알아."
　여자 나라말이 이해가 안 된다면 남편들은 이걸 암기라도 해야 한다.
　남편들이 여자 나라말을 배워야 한다. 안타까운 것은 정작 배워야 할 남편들은 안 배우고 이 말을 '제비'들이 배웠다. '제비'에게 물려간 여자들이 '제비'에게 들은 공통적인 말이 있다고 한다. "얼마나 힘드셨어요." 이 한마디에 그만 다 넘어갔다고 한다. 평생 남편에게 듣지 못했던 여자 나라말을 외간 남자에게 듣는 순간 마음이 다 허물어진 것이다. '제비'에게 물려간 여인들의 남편과 '제비'의 차이는 여자 나라말을 아느냐 모르느냐의 차이였다.

FOR A RELATIONAL HAPPINESS

사람과의 관계를 아름답게

07_ 이웃은 사랑하라

이웃은 가족과 원수 외의 모든 사람이다. 이웃 가운데는 만난 이웃도 있고, 만나고 있는 이웃도 있고, 만날 이웃도 있다. 우리는 이들과도 관계를 맺어야 한다. 왜냐하면 하나님이 이들과 함께 살도록 우리의 삶을 디자인하셨기 때문이다. 이들 역시 사람이다. 우리는 이웃의 연약함은 도와주고, 부족함은 채워주고, 허물은 덮어주고, 좋은 것은 말해주고, 뛰어난 것은 인정해줘야 한다.

우리 이웃 가운데는 웃는 이웃이 있고 울고 있는 이웃이 있다. 부자 이웃이 있고 가난한 이웃이 있다. 건강한 이웃이 있고 병든 이웃이 있다. 배부른 이웃이 있고 배고픈 이웃이 있다. 하나님은 잠언을 통해 우리에게 "네 이웃이 네 곁에서 평안히 살거든 그를 해하려고 꾀하지 말며 사람이 네게 악을 행하지 아니하였거든 까닭 없이 더불어 다투지 말라"고 하신다. 같이 살라는 말씀이다.

가난한 이웃 부자 이웃, 다 이웃이다

우리 이웃 중에는 부자가 있고 가난한 자가 있다. 성경은 부자라고 저주하지 말고, 가난한 자라고 학대하지 말라고 가르친다. 재판할 때 부자라고 편들지 말고, 가난한 자라 해서 편벽되어 두둔하지 말라고 가르친다. 부자 이웃은 미워하고 가난한 이웃은 사랑하라는 것이 아니다. 다 사랑하라는 것이다.

하나님은 우리가 부자 이웃과 가난한 이웃 중에 누구의 이웃이 될 것인지를 택하라고 요구하지 않으신다. 우리는 모든 이의 이웃이 되어야 하고, 모든 이는 우리의 이웃이 되어야 한다. 부자를 저주하며, 유식한 자를 시기하며, 높은 지위에 오른 사람을 의도적으로 멸시하는 일은 없어야 한다. 반대로 가난한 자를 멸시하며, 무식한 자를 조롱하며, 지위가 낮은 사람을 경멸하는 일 역시 없어야 한다. 부자와 가난한 자, 지위가 높은 사람과 낮은 사람 모두가 다 우리 이웃이다.

웃는 이웃과 함께 웃으라

하나님은 즐거워하는 자들과 함께 즐거워하라고 하신다. 이것은 바울이 로마교회에 한 권면인데, 큰 선물이다. 웃는 이와 함께 웃을 수만 있다면, 그의 인생엔 웃을 날이 넘친다. 자신의 수고와 노력으로 얻는 즐거움만 아니라 다른 사람의 즐거움도 자신의 즐거움이 되니 말이다.

좋은 일이 있을 때, 일이 잘될 때 사람은 즐거워한다. 이 사람의 이웃이 보일 수 있는 반응은 같이 즐거워하거나, 무관심하거나, 시기하는 것이다. 우리는 함께 즐거워한다. 이것은 하나님의 명령이다.

웃는 이와 같이 웃기가 우는 이와 함께 우는 것보다 힘들다. 이론은 쉬운데, 실천하기는 어렵다. 어떻게 하면 같이 웃을까. 사랑하면 된다. 사랑하면, 다른 사람의 기쁨이 내 기쁨이 되고 다른 사람의 성공이 내 기쁨이 된다. 관계가 좋으면, 그가 즐거워할 때 나도 즐거워할 수 있다. 또한 그가 좋아야 그의 즐거움이 내 즐거움이 된다.

그러나 미워하면, 관계가 틀어지면, 사람이 싫으면, 그의 기쁨이 내 슬픔이 되고, 그의 성공이 내 상처가 된다. 우리가 누구를 사랑하는 여부를 그에게 일어난 즐거운 일에 대한 우리의 반응을 통해 알 수 있다.

웃는 이와 함께 웃는 것은 은혜다. 예를 들어 지인의 연구 결과가 세계적인 과학지에 실렸다고 하자. 이 얼마나 기쁜 일인가. 이 일로 그 가족은 크게 기뻐할 것이다. 만약 그 이웃이 이 일로 그처럼 즐거워한다면, 이것은 은혜다. 수고한 것도 없이 이런 기쁨을 거저 누리니 말이다.

이것은 이웃을 사랑하는 자에게 하나님이 주시는 선물이다. 생각해 보라. 그 사람이 이 기쁨을 누리기 위해 얼마나 많은 수고와 노력을 했겠는가. 많은 시간을 들이고 돈도 썼을 것이다. 어쩌면 몸이 상했을 수도 있다. 그는 많은 수고와 노력 끝에 웃는데, 아무런 수고도 하지 않고, 돈도 들이지 않은 사람이 거저 웃을 수 있다면 이것은 분명 은혜다.

때로 우리는 이웃이 즐거워할 때 시기하기도 한다. 사람이라 그렇다. 우리는 우리 안에 이런 성향이 있음을 인정할 필요가 있다. 그렇다고 이것이 시기와 더불어 살라는 말은 아니다. 성경은 시기가 뼈를 썩게 한다고 가르친다. 썩어서는 안 된다. 내 뼈가, 내 자녀가, 내 인생이, 내 미래가, 내 삶의 터전이 썩어서는 안 된다.

성경은 우리에게 즐거운 날에는 즐거워하고 형통한 날에는 기뻐하라고 한다. 그러나 즐거운데도 다른 사람이 마음 상할까 봐 즐거워하지 못하는 경우가 있다. 본인 스스로 다른 사람을 배려해서 즐거움을 절제하는 경우도 있고, 주변 분위기가 즐거움을 표현할 수 없는 경우도 있다.

다른 사람을 배려해서 스스로 즐거움을 절제하는 것이 필요한 때도 있다. 그러나 다른 사람을 배려해야 한다는 이유로 즐거운 일이 있을 때마다 그 즐거움의 위치를 마음속으로만 제한해서는 안 된다. 그러면 언제 웃겠는가. 우리 곁에 있는 사람들은 우리가 생각하는 것처럼 그렇게 다른 사람들의 즐거움으로 인해 어려워하거나 힘들어하지 않는다. 우리 주변에는 우리의 즐거움에 함께 즐거워해 줄 따뜻한 이웃이 의외로 많다.

우리가 즐거워할 때, 우리가 즐거워하는 일과 반대 상황에 놓인 사람들이 있을 수 있다. 우리가 합격한 날 불합격한 사람이 있고, 우리가 건강한 날 병든 사람이 있고, 우리가 아파트 청약에 당첨된 날 떨어진 사람이 있을 수 있다. 모두 다 즐거워하는 그날까지 즐거움을 보류한다면, 어쩌면 우리는 평생에 한 날도 즐거워하지 못할지 모른다.

만약 즐거워하지 못하는 이유가 자신의 절제가 아니라 즐거워할 수 없는 분위기나 문화 때문이라면, 우리가 나서서 그 분위기를 바꾸고 문화를 바꿔야 한다.

우는 이웃과 함께 울라

즐거워하는 이들과 함께 즐거워하라고 하신 하나님은 또한 우리에게 우는 이와 함께 울라고 하신다. 예수 믿는 사람은 즐거워하는 이와도, 울고 있는 이와도 함께할 일이 있다.

우리 주변에는 울고 있는 이들이 많이 있다. 갑작스러운 사고로 자식을 잃고 울부짖는 어머니도 있고, 직장에서 해고를 당해 가슴으로 눈물을 흘리는 가장도 있고, 중병이라는 진단을 받고 울고 있는 이도 있다. 우는 이유는 다르지만, 많은 사람이 울고 있다. 눈물을 흘리고 있다.

하나님은 이들을 혼자 울게 하지 말라고 하신다. 울어야 할 때는, 울어야 할 일이 있을 때는 곁에서 누가 함께 울어만 줘도 위로가 된다. 무슨 말로 위로를 해야 할지 모르겠다고 말할 때가 있다. 어떤 때는 말이 필요 없다. 그냥 손을 잡고 같이 울어주기만 해도 된다.

욥이 울고 있다. 욥은 갑작스러운 재난을 당한 사람이다. 그야말로 하루아침에 모든 것을 잃었다. 재산을 잃고, 자녀들을 다 잃고, 건강을 잃었다. 그는 재 가운데 앉아서 기와 조각을 가져다 긁고 있는 비참한 상태가 되었다. 욥은 성경에만 나오는 인물이 아니다. 오늘도 우리 주변에 욥이 있다. 욥에게 필요한 사람은 같이 울어줄 사람이다. 울고 있는 사람에게 필요한 사람은 함께 울어줄 사람이다. 욥에게 친구들이 있었다. 이 친구들이 욥을 찾아왔다. 그냥 욥과 함께 울어주면 좋으련만, 그 친구들은 말이 너무 많았다.

강도 만난 이웃은 돌보아주라

교회를 어느 정도 다닌 사람은 선한 사마리아인의 비유를 안다. 예수님이 하신 비유 중 하나인데, 거기 강도 만난 사람이 나온다. 다른 사람들이 그냥 스쳐 지나갈 때 그를 도와준 사람이 사마리아 사람이다. 예수님은 그를 강도 만난 자의 이웃이라며 율법사에게 말하는 형식으로 우리에게 "가서 너희도 이와 같이 하라"고 하셨다.

강도 만난 사람은 누구인가? 문자적으로 강도 만난 사람이 있고, 의미상으로 강도 만난 사람이 있다. 갑작스러운 재난을 당한 사람들, 이들은 의미적인 강도를 만난 사람들이라고 할 수 있다. 지진이란 강도를 만나고, 쓰나미라는 강도를 만난 사람들이 있다. 재난을 만난 것이나 강도를 만난 것이나 전혀 예기치 않은 상황에 만난 것은 같다. 오늘도 우리 주변에 '강도 만난 사람들'이 있다. 문자적인 강도를 만난 사람이 있고, 의미적인 강도 만난 사람들이 있다.

예수님은 강도 만난 자에게 가서 사마리아 사람이 했던 것처럼, 우리에게도 그들의 상처를 싸매주고 돌보아주라고 하신다.

구약성경 잠언도 "너는 사망으로 끌려가는 자를 건져주며 살육을 당하게 된 자를 구원하지 아니하려고 하지 말라"고 권면한다. 사망으로 끌려가는 자, 살육을 당하게 된 자를 구원해주라는 말씀이다. 이런 상황을 그냥 지나친 후에 나는 그것을 알지 못했다고 핑계할 수 없다. 사람의 속마음을 하나님이 다 알고 계신다.

주린 이웃에게 먹을 것을 나눠주라

사람은 밥을 먹어야 산다. 하나님이 사람보다 먼저 창조하신 것이 있다. 그것은 사람이 먹을 양식이다. 먹을 것을 준비하시고 사람을 창조하셨다. 너무나 당연한 이야기지만 사람은 밥을 먹어야 산다. 그런데 사람 중에 먹을 밥이 없어서 굶는 이들이 있다. 가난한 자들이다. 너무 많이 들어서 이제는 들어도 별 감각이 없는 말이지만, 지금도 지구상에는 굶어서 죽는 사람이 있다. 지구상에는 하루 1달러로 삶을 영위하는 사람들이 있다. 정치 지도자를 잘못 만나 굶는 사람들도 있고, 구조적으로 굶을 수밖에 없는 상황 속에 사는 사람들도 있다. 지속적으로 굶고 있는 사람들도 있다. 아이티 같은 경우는 대부분의 사람이 하루 한 끼를 먹고 산다. 하루 한 끼만 제때 먹게 해도 얼굴에 윤기가 흐른다고 한다. 먹을 것이 없어 늘 주린 사람들이 있고, 갑작스러운 재난으로 인해 일시적으로 굶는 사람들도 있다.

어떤 이유로 굶든지, 굶는 사람은 먹게 해야 한다. 사람이 굶어서 죽게 돼서는 안 된다. 하나님은 주린 자에게 양식을 주라고 말씀하신다. 감사하게도 우리나라 같은 경우는 굶는 사람이 거의 없다. 굶는 사람이 있으면 어디에 얘길 해도 굶는 것을 면하게 해준다. 지자체에 이야기해도 되고, 교회에 이야기해도 되고, NGO에 이야기해도 된다. 그러나 아직도 지구 곳곳에는 굶고 있는 사람들이 있다.

성경은 하나님을 주린 자에게 먹을 것을 주시는 이라고 소개한다. 광야에서 주린 이스라엘 백성에게 하늘에서 양식을 주시며 그들의 목마름을 해결해 주시려고 반석에서 물을 내신 분이 하나님이다. 이 하나님이 예수 믿는 우리에게도 주린 자에게 먹을 것을 주라고 하신다.

먹이는 자를 먹이시고 주는 자에게 주신다

이스라엘 백성들이 우리가 금식하는데 왜 우리가 금식하며 부르짖는 것을 들어주시지 않느냐고 하나님 앞에 서운함을 털어놓은 적이 있다. 그때 하나님이 하신 말씀이 있다.

내가 기뻐하는 금식은

흉악의 결박을 풀어주며 멍에의 줄을 끌러주며

압제당하는 자를 자유하게 하며 모든 멍에를 꺾는 것이 아니겠느냐.

또 주린 자에게 네 양식을 나누어주며 유리하는 빈민을 집에 들이며

헐벗은 자를 보면 입히며 또 네 골육을 피하여

스스로 숨지 아니하는 것이 아니겠느냐. 이사야 58장 6-7절

하나님이 기뻐하시는 금식 리스트에 주린 자에게 네 식물을 나눠주는 것이 들어 있다. 이 말씀은 주린 자에게 식물을 나눠주는 것을 하나님이 기뻐하신다는 뜻이고, 예수 믿는 우리가, 교회가 마땅히 해야 할 일이라는 의미다. 이 말씀에는 약속이 있다. 그 약속을 정리하면 다음과 같다.

① 네 빛이 새벽같이 비칠 것이다. ② 네 치유가 급속할 것이다. ③ 네 공의가 네 앞에 행할 것이다. ④ 여호와의 영광이 네 뒤에 호위할 것이다. ⑤ 네가 부를 때에 나 여호와가 응답할 것이다. ⑥ 네가 부르짖을 때는 내가 여기 있다 할 것이다. ⑦ 네 빛이 흑암 중에서 발하여 네 어둠이 낮과 같이 될 것이다. ⑧ 나 여호와가 너를 항상 인도할 것이다. ⑨ 내가 마른 곳에서도 네 영혼을 만족하게 할 것이다. ⑩ 내가 네 뼈를 견고하게 할 것이다. ⑪ 너는 물 댄 동산 같을 것이다. ⑫ 물이 끊어지지 않는 샘 같을 것이다.

세상에, 주린 자에게 양식을 준다고 하나님이 이렇게까지 해주시겠다니, 예수님이 약속하신 "주라 그리하면 너희에게 줄 것이니 곧 후히 되어 누르고 흔들어 넘치도록 하여 너희에게 안겨주리라"는 말씀이 실감난다.

예수님 식사 대접

주린 자에게 양식을 주는 것은 곧 주님께 식사 대접하는 것이다. 예수님께서 제자들에게 비유로 하나님 나라의 진리를 가르쳐 주시는 중에 나온 내용이다.

마태복음 25장을 보면 마지막 심판 날에 임금이 나와 그 오른편에 있는 자들에게 "내가 주릴 때에 너희가 먹을 것을 주었고 목마를 때에 마시게 하였고 나그네 되었을 때에 영접하였고 헐벗었을 때에 옷을 입혔고 병들었을 때에 돌보았고 옥에 갇혔을 때에 와서 보았느니라"라고 했다.

이에 오른편에 있던 의인들이 반문했다. "주여, 우리가 어느 때에 주께서 주리신 것을 보고 음식을 대접하였으며 목마르신 것을 보고 마시게 하였나이까. 어느 때에 나그네 되신 것을 보고 영접하였으며 헐벗으신 것을 보고 옷 입혔나이까. 어느 때에 병드신 것이나 옥에 갇히신 것을 보고 가서 뵈었나이까."

임금이 그들에게 대답했다. "내가 진실로 너희에게 이르노니 너희가 여기 내 형제 중에 지극히 작은 자 하나에게 한 것이 곧 내게 한 것이니라."

우리가 주목할 것은 지극히 작은 자에게 한 것이 곧 내게 한 것이라는 주님의 말씀이다. 주린 자에게 먹을 것을 준 것은 곧 예수님께 식사 대접을 한 것이다.

이 진리를 깨달으면 주린 자에게 쌀을 주는 것이 아깝지가 않다. 왜냐하면 주린 자에게 양식을 주면 하나님이 어떻게 하실 것을 알기 때문이다. 그러면 쌀을 나누는 일을 신나게 한다. 주린 자에게 쌀을 나누고 예수 믿는 우리가 얼마나 많은 것을 누리고 있는지 모른다.

병든 이웃을 고쳐주라

사람이 살다 보면 병이 들 때가 있다. 아플 때가 있다. 사람이 살면서 피할 수 없는 것이 어쩌면 병인지 모른다. 그 누구도 자신할 수 없는 것이 건강이다. 건강만큼은 자신한다고 하던 사람이 어느 날 갑자기 쓰러지는 경우를 우리는 많이 봤다. 병 앞에 장사 없다는 말을 실감한다.

그러다 보니 너나 할 것 없이 우리는 모두 건강에 대해 민감하다. 정기적으로 하는 건강검진을 받고 그 결과가 나올 때까지 신경이 쓰인다. 그러다 조직검사나 재검을 받아야 할 것 같다는 소리를 들으면, 가슴이 철렁 내려앉는다. 정신과 병명 중에 건강염려증이 있다. 사람들이 병에 대해 얼마나 두려워하는지를 보여주는 한 예 같다.

정도의 차이는 있을지 몰라도 많은 사람 안에 건강을 염려하는 마음이 있다. 중병이라는 통고를 받으면 '왜 내가' 하는 생각이 들면서 마음이 상할 수 있다. 그 상한 마음이 분노로, 적개심으로 나타날 수 있다. 내가 이렇게 된 것은 아무개 때문이라는 생각을 할 수 있다. 때로 그 대상이 회사가 될 수 있고, 직장 동료가 될 수 있고, 가족이 될 수도 있다. 이렇게 자신이 병들게 된 것의 원인으로 지목한 대상을 향한 적개심은 오히려 병을 악화시킬 수 있다. 적개심은 암세포에 영양제를 주는 것과 같다. 암세포가 분노와 적개심을 만나면 급속도로 퍼져나간다. 병이 들었을 때 마음이 상하지 않도록 각별히 주의해야 하는 이유다.

암을 이겨낸 의사들의 인터뷰를 2010년 5월 18일 자 조선일보에서 보았다. 김철중 의학 전문기자가 쓴 인터뷰 기사에서 이들의 한결같은 충고는 분노와 적개심을 없애라는 것이다. 분노와 적개심은 없는 병을 만들고 있는 병을 악화시킨다. 인터뷰 기사에서 간암과 폐 전이암을 이겨낸 한만청(76·영상의학과 전문의) 전 서울대병원장은 "평정심을 잃고 분노와 적개심으로 암과 싸우다가는 도리어 면역력이 떨어진다"고 충고했다.

병든 이들을 힘들게 하는 말들

병은 원인이 있다. 그것이 육체적인 것일 수 있고, 유전적인 것일 수 있고, 심리적인 것일 수 있고, 영적인 것일 수도 있다. 병이 들었을 때, 우리가 해야 할 일은 원인을 규명하는 일이 아니다. 그것은 의사의 몫이다. 질병의 원인을 다 영적으로 해석하는 우는 범하지 말아야 한다.

병이 들면 다 귀신이 들려서 그렇다고 단정하는 경우가 있다. 물론 성경을 통해서 살펴보면, 귀신이 들어가서 일으킨 병도 있다. 예수님이 병을 치료해주신 케이스 중에도 예수님이 귀신을 쫓아내자 나은 경우도 있다. 그러나 모든 병을 이렇게 단정하는 것은 위험하다. 이러면, 병을 고치는 길은 귀신을 내쫓는 것 하나로 귀착된다. 이러다 병원에 일찍 가면 살 수 있는 사람을 죽음으로 내몰 수 있다.

병은 다 죄 때문이라고 하는 경우가 있다. 죄의 결과가 병으로 나타났다고 단정하는 것이다. 물론 죄 때문에 생긴 병이 있다. 죄에 대한 징계로 생긴 병이 있다. 그러나 모든 병을 죄 때문이라고 하는 것은 위험하다. 죄 때문에 생긴 병이 아닌 것도 많다. 신령하다는 사람 중에는 아픈 사람을 보기만 하면 회개하라고, 죄를 감추지 말라고 하는 사람이 있다. 뭔가 지은 죄가 있다는 것을 전제로 하는 말이다. 이런 경우 병든 사람은 이중 고통을 겪는다. 병이 들어 아픈 것 외에 죄책감과 정죄감에 시달려야 하기 때문이다. 이렇게 말하는 사람의 병문안은 거절하는 것이 치료에 도움이 된다.

병의 원인이 죄 때문일 것으로 생각하는 일은 어제오늘에 생긴 일은 아니다. 예수님의 제자들에게도 그랬다. 한번은 제자들이 예수님과 길을 가다 나면서부터 맹인 된 사람을 만났다. 제자들은 이 사람이 맹인이 된 것은 분명 죄 때문이라는 것을 전제하고, 그 죄가 자기 죄인지, 부모의 죄인지를 예수님께 물었다. 예수님은 제자들에게 "이 사람이나 그 부모의 죄로 인한 것이 아니라 그에게서 하나님이 하시는 일을 나타내고자 하심이라(요 9:3)"고 하셨다. 이렇게 하시고 예수님은 이 맹인의 눈을 뜨게 해주셨다. 병든 사람에게서 하나님의 하시는 일을 나타내신 것이다. 그때나 지금이나 병든 사람에게서 죄를 찾으려는 사람이 있고, 그에게서 하나님이 하시는 일을 찾으려는 사람이 있다.

병의 원인은 다양하다

병 중에는 죽을병이 아니라 하나님의 영광을 위한 병도 있다. 예수님은 나사로가 병들었다는 소식을 듣고 "이 병은 죽을병이 아니라 하나님의 영광을 위함이요, 하나님의 아들이 이로 말미암아 영광을 받게 하려 함이라"고 제자들에게 설명해 주셨다.

병 중에는 하나님이 우리 몸에 설치해 놓으신 안전핀과 같은 병도 있다. 바울은 연약함이 있었다. 육체의 가시로 표현된 이 연약함이 무엇인지는 모르지만, 많은 학자는 육체의 질병이었을 것으로 추정한다.

하나님이 육체에 가시를 주신 이유를 바울은 '너무 자만하지 않게 하시려고'라고 했다. 사람에게 있는 병 중에는 바울의 몸에 있었던 육체의 가시와 같은 것도 있다. 바울은 자신의 몸에 있는 육체의 가시를 감사함으로 받아들였다. 그는 육체의 가시 때문에 힘들어하지 않았고, 부끄러워하지 않았다. 그것을 위해 세 번 기도한 후에 더는 기도하지 않았다. 그 이유는 하나님이 "내 은혜가 네게 족하다"고 하셨기 때문이다. 자신의 약함을 통해 일하시고, 약함을 통해 자신을 보호하시는 하나님의 뜻을 깨달았기 때문이다. 이것을 깨달은 후에는 도리어 육체의 가시로 인해 크게 기뻐하며 그것을 자랑하고 다녔다.

병들었을 때

병이 들었을 때 각별히 주의해야 할 것은 마음이 무너지지 않도록 하는 것이다. 성경은 "사람의 심령은 그 병을 능히 이기려니와 심령이 상하면 그것을 누가 일으키겠느냐"고 묻는다. 그래서 우리는 병든 사람을 찾아가 위로하고 격려하고 기도해줘야 한다. 자신이 병들었을 때는 교회나 가족, 친구들에게 위로와 격려 그리고 기도를 받아야 한다.

예수님은 제자들에게 병을 고쳐주라고 하셨다. 예수님이 열두 제자를 전도하러 보내면서 "가면서 전파하여 말하되 천국이 가까이 왔다 하고 병든 자를 고치라"고 하셨다. 이 말씀은 내가 너희에게 병 고치는 능력을 주었으니, 너희는 병든 자를 고치라는 것이다. 이 능력이 제자들에게 있었다. 제자들을 통해 많은 병든 자들이 치료받은 것을 성경이 증거하고 있다.

그렇다면 이 병 고치는 능력은 제자들에게만 한정된 특별한 능력인가. 성경을 보면 믿는 자에게 이런 표적이 따른다며 "병든 사람에게 손을 얹은즉 나으리라(막 16:18)"라고 했다.

예수 믿는 바울에게 예수님이 말씀하신 것과 같은 일이 일어났다. 바울이 한 섬에 갔을 때 보블리오라는 사람의 부친이 열병과 이질에 걸려 누워 있었다. 바울이 들어가서 기도하고 그에게 안수하여 낫게 했다. 이 소식을 듣고 병든 사람들이 바울에게 와서 치료받았다.

이것이 예수님의 제자들과 바울에게만 가능한 일인가. 예수님은 나를 믿는 자에게 이런 능력이 있고, 이런 일이 가능하다고 하셨다. 하나님은 바울을 통해 우리에게 병든 자를 위해 기도하라고 하신다. 믿음의 기도는 병든 자를 구원하리니 주께서 그를 일으킬 것이라고 바울은 힘줘 말했다. 우리는 병들었을 때, 낫기를 위해 기도해야 한다. 교회의 장로들을 청해 합심하여 기도해야 한다.

모든 병을 기도로 고치겠다며 병원에 가거나 약을 먹는 것을 죄악시하는 경우가 물론 소수지만, 있다. 성경은 병들었을 때 교회의 장로들을 청하라고 했다. 그 청함을 받은 장로들에게 하나님은 기름을 바르며 위하여 기도하라고 하셨다. 여기서 바르는 기름을 여러 가지로 해석할 수 있지만, 당시 기름이 약으로 쓰였다는 사실에 근거해 '약을 바르며' 혹은 '약을 먹으며'로 적용할 수 있다.

하나님이 의학을 발전시키고, 의술을 발달시키고, 실력 있는 의사들을 양성한 것을 병든 우리를 치료하시기 위해 베푸신 하나님의 은혜로 적용할 수 있다. 오직 병은 병원에 가서 약으로만 치료받을 수 있다고 생각하며 병든 자를 위해 기도하는 것을 무시해서도 안 되고, 모든 병은 오직 기도로만 치료해야 한다고 병원을 가지 않거나 약을 먹지 않아서는 안 된다. 기름을 바르며 위하여 기도해야 한다.

한국교회는 금요일 대부분 심야기도회를 한다. 내가 담임하는 교회도 한다. 이 시간 마무리 기도는 늘 치유 기도다. 병든 성도들을 위해 치료를 구하는 기도를 한다. 우리는 그 시간에 이미 자신이 알고 있는 병을 위해 치료를 구한다. 또한 자신이 알지 못하는 병을 위해서도 기도한다. 나는 할 수 있으면 성도들이 자신의 병을 알기 전에 치료해 주시기를 기도한다. 하늘나라 가면 아마 우리가 알지 못 하는 사이에 치료받은 많은 질병 목록을 보게 될 것이다.

아픈 이들을 위해 기도할 때 정수리에서 발바닥까지, 피부에서 골수까지 치료해달라고 기도한다. 몸의 모든 수치가 정상화되게 해달라고, 몸속에 있는 염증과 종양을 제거해달라고, 암세포를 제거해달라고 기도한다. 의사들에 따르면 우리 몸에는 하루에도 상당수의 암세포가 생긴다. 그것이 건강한 세포들에 의해 소멸하기 때문에 암에 걸리지 않는다. 우리 몸 안에서 암세포가 세력을 확장하지 못하도록 암세포를 소멸해달라고 기도한다. 하나님께 치료하는 광선을 비춰달라고 기도한다. 때로는 앞으로 3년 혹은 5년 후에 생길 병도 미리 치료해달라고 한다. 3년, 5년 후에 발병할 근원을 치료해달라고 기도한다. 몸의 병뿐 아니라 마음의 병을 위해서도 기도한다. 우울증을 치료해달라고 기도한다. 때로는 병명을 대면서 치료해달라고 기도한다. 우리 자녀들의 아토피를 치료해달라고 기도한다. 때로 성도들이 자신의 병명을 일러주며 금요심야기도회 때 위해서 기도해달라고 한다. 파킨슨병을 위해서 기도해달라는 부탁도 받았다. 하나님의 말씀을 믿기에 우리는 기도한다. 금요일 저녁마다 한국 교회 성도들은 치료받으러 나오는 심정으로 기도회에 참석한다. 기도회를 마치고는 병원에서 치료받고 퇴원하는 심정으로, 집으로 돌아간다.

고아와 과부와 함께 즐거워하라

일반적으로 사람은 부모의 사랑과 돌봄을 받으며 자란다. 더 연약한 그릇인 아내는 남편의 보호와 돌봄을 받으며 산다. 그런데 우리 가운데는 부모 중에 한 분이 먼저 세상을 떠나서 홀아버지 혹은 한부모 가정에서 자라는 자녀들도 있다. 부모가 다 세상을 떠나 홀로 자라는 경우도 있다. 남편 혹은 아내가 먼저 세상을 떠나 배우자 없이 사는 사람도 있다. 이런 이웃들은 보호가 필요하다.

고아와 과부, 성경은 이 표현을 사용하고 있다. 사람 중에는 이 단어가 주는 부정적인 이미지 때문에 다른 표현을 사용하자고 한다. 그들을 배려하기 위해 하는 말이다. 때로 이럴 필요도 있다. 그러나 그보다 중요한 것은 그들을 향한 인식을 바꾸는 것이다. 고아라고 무시하고, 과부라고 가볍게 여기는 인식이 있다면, 용어가 아니라 인식을 바꿔야 한다. 인식은 바꾸지 않은 채, 용어만 바꾼다면 얼마 지나지 않아 그 용어를 또 바꿔야 한다.

하나님은 고아와 과부를 향해 각별한 마음을 갖고 계신다. 이들을 향한 하나님의 마음은 성경 곳곳에 나타나 있다. 하나님은 고아와 과부를 위하여 신원하시며 그에게 식물과 의복을 주시는 분이다. 하나님은 고아와 과부를 보호하시며 붙드시는 분이다. 이들은 하나님의 특별 보호 대상이다. 부모의 보호를 받을 수 없고 남편의 보호를 받을 수 없는 이들을 하나님이 친히 보호하신다.

하나님은 이들을 압제하지 말고, 학대하지 말고, 해롭게 하지 말라고 하셨다. 과부의 것을 토색하고 고아의 것을 약탈하는 자는 화가 있을 것이라고 선언하셨다. 세상 모든 사람에게 함부로 해서는 안 되지만, 특별히 이들에게 함부로 해서는 안 된다.

하나님은 이들과 함께 즐거워하라고 하신다. 절기를 어떻게 지켜야 할지를 성경을 통해 살펴보면, 모든 절기에 빠지지 않고 등장하는 문구가 고아와 과부와 함께 즐거워하라는 것이다. 이들과 함께 더불어 살며 함께 즐거워하라는 것이다.

한국교회와 우리나라가 이들을 돌아보는 것은 잘하는 일이다. 하나님이 복 주실 일이다. 이들과 더불어 살아야 한다. 그래야 건강한 사회가 되고, 건강한 국가가 된다. 이들이 억울함을 토로할 곳이 없어 눈물로 하나님 앞에 간구하는 일이 없도록 해야 한다. 성경은 참된 경건을 정의하면서 그것에 '고아와 과부를 그 환난 중에 돌아보는 것'을 넣었다.

나그네 이웃을 선대하라

고아와 과부 외에 하나님의 특별 관심권 안에 있는 사람이 또 있다. 나그네들이다. 하나님은 나그네를 사랑하사 그에게 식물과 의복을 주시는 분이다. 이 하나님은 우리에게 나그네를 사랑하라고 하신다.

  하나님은 우리에게 나그네를 압제하지 말고, 학대하지 말라고 하신다. 나그네는 이 땅에 삶의 기반이 없는 사람들이다. 객지 생활을 하는 사람들이다. 본국 나그네도 있고, 외국 나그네도 있다. 성경은 이 나그네들을 선대하라고 한다. 교회 지도자의 자격을 열거하는 중에 나그네를 대접하는 것이 포함되어 있다. 성경은 "네가 무엇이든지 형제 곧 나그네 된 자들에게 행하는 것은 신실한 일"이라고 했다. 욥은 "나그네가 거리에서 자지 아니하도록 나는 행인에게 내 문을 열어주었다"고 했다.

  성경은 우리가 나그네라는 사실도 가르쳐준다. 우리의 본향 저 천국을 염두에 두면 이 세상에 사는 우리는 나그네다. 잠시 이 세상에 머물다 본향으로 돌아갈 나그네다. 나그네인 우리는 나그네를 선대해야 한다.

  경제적으로 안정되고 발전된 나라에는 외국인 노동자가 있다. 외국인 노동자는 나그네다. 물론 외국인 노동자 중에도 고학력에 고임금을 받는 이들도 있다. 이들은 오히려 부러움의 대상이 될 수도 있다. 그러나 대다수의 저개발국가에서 온 외국인 노동자들은 열악한 환경 속에서 일하며 본국에 있는 가족을 부양하고 있다.

  하나님이 나그네와 함께 즐거워하라고 하신 말씀에 따라 한국교회는 이들에게 사랑의 손을 펴고 있다. 한국교회는 교회 내 어려운 성도를 돕듯이 외국인 성도들도 돕고 있다. 이는 한국교회의 나그네 사랑이다.

딱한 이웃으로 인해 마음이 아플 때는 기도하라

살다 보면 딱한 사정을 접할 때가 있다. 안타까운 사연들을 접할 때다. 연약함을 도와주고 싶고 부족함을 채워주고 싶을 때. 그 일이 우리가 도울 일이거나 도울 형편이 되면 도와주면 되고 채워주면 된다.

그러나 그 일이 우리의 도움으로 해결할 수 없는 경우이거나 우리 도움의 한계를 넘는 경우가 있다. 상황은 딱한 데 내가 가진 것으로는, 나의 힘으로는 그 일을 해결해줄 수 없는 경우다. 이럴 때 우리 마음은 더욱 아프다. 우리의 마음이 아픈 것은 우리 안에 있는 긍휼 때문이다. 누군가의 안타까운 일을 보고 마음이 아픈 게 긍휼이다.

그래서 어떤 사람은 아예 사람들의 딱한 상황을 애써 외면하려고 한다. 형편은 안 되는데 알면 마음만 아프기 때문이다. 아니다. 이런 상황이라고 해도 우리가 할 수 있는 일이 있다. 자기의 일이든, 다른 사람의 일이든 안타까운 어떤 상황 때문에 마음이 아프다면, 그 상황에서 자기가 해줄 수 있는 일이 없기 때문에 더욱 마음이 아프다면, 기도하고 기대하라. 그러면 하나님이 하실 것이다.

사람들이 예수님께 나아와 말씀을 들었다. 사흘이나 예수님과 함께했다. 그런데 그들에게 먹을 것이 없었다. 그들을 돌려보내야 할 시간이 되었다. 길에서 기진하여 쓰러질 수도 있다. 이 상황을 보신 예수님의 마음이 아팠다. 예수님은 그들을 목자 없이 유리하는 양 같이 불쌍히 여기셨다. 이 긍휼의 마음이 기적을 일으켰다. 이것이 그 유명한 오병이어 기적이다. 물고기 두 마리와 보리떡 다섯 개로 5천 명이 먹고 열두 광주리가 남은 일이다. 기적이 일어난 현장을 조사해보면 거기 긍휼이 있다. 불쌍히 여기는 마음이 있다. 불쌍히 여기면, 긍휼히 여기면 기적이 일어난다. 불쌍히 여기는 마음, 긍휼히 여기는 마음은 기적의 씨앗이다.

우리는 여기서 하나님의 일하시는 한 방법을 배울 수 있다. 하나님이 어떤 사람의 연약함과 부족함을 채워주시려면, 그 일을 시킬 사람의 마음을 아프게 하신다. 그를 불쌍히 여기게 하신다. 그 안에 긍휼을 부어주신다. 우리가 어떤 일에 마음 아프다고 해서 그 일로 모든 사람의 마음이 아픈 건 아니다. 유난히 내 마음이 아플 때가 있다. 하나님의 사인일 수 있다. 그 딱한 상황을, 나를 통해 바꾸기를 원하시는 하나님의 시그널일 수 있다.

이런 경우라면 하나님은 그 일을, 우리를 통해 하기 원하신다고 보아도 좋다. 우리의 도움을 통해서든 아니면 우리의 기도를 통해서든 하나님은 우리를 통해 그 일을 하실 것이다.

FOR A RELATIONAL HAPPINESS

사람과의 관계를 아름답게
08_ 원수는 없애라

원수, 그는 누구인가. 원수 하면 우리는 부모나 형제를 죽인 자와 같은 엄청난 해를 끼친 사람을 생각한다. 물론 그런 사람들이 원수다. 그러나 원수는 이런 사람만은 아니다. 이런 사람만 원수로 생각하면 원수가 있으면서도 원수가 없는 것으로 오해할 수 있다. 원수에 대한 하나님의 말씀을 들을 때도 자신과는 상관없는 것으로 생각할 수 있다. 원수는 나와 불편한 관계에 있는 사람이다. 나를 힘들게 하고 나를 괴롭게 하는 사람이다. 나와 관계가 좋은 사람은 이웃이고 사이가 틀어진 사람은 원수다. 원수는 대부분 나와 관계 있는 사람이다. 원수는 나와 매일 만나든지, 아니면 매주 만나든지, 아니면 주기적으로 만나는 사람 중에 있다. 원수가 멀리 있는 것이 아니다. 나와 가까이 있는 사람, 나와 함께 하는 사람 중에 원수가 있다. 우리는 저 멀리 바다 건너 미국에 있는 주지사와 불편한 관계에 있는 것이 아니다.

우리 곁에 있는 사람들은 언제든지 우리의 원수가 될 가능성이 있다. 부모 형제도, 친구와 교우도 원수가 될 수 있다. 불편한 관계가 될 수 있다. 가족과 이웃이 원수로 바뀔 수 있다.

관계가 틀어진 데는 원인이 있다. 그가 나를 힘들게 했을 수도 있고, 무시했을 수도 있고, 괴롭혔을 수도 있다. 내게 죄를 짓거나 악을 행했을 수도 있다. 아니면 내가 그에게 그처럼 했을 수도 있다.

관계가 틀어지는 원인은 다양하다. 어떤 일로든지 관계가 틀어지면, 그 사람과는 원수가 된다. 일단 원수가 되면 그를 미워하게 되고, 미워하게 되면 마음이 불편해진다. 지옥을 경험한다. 미워하며 천국 경험은 불가능하다. 그래서 원수가 있는 사람은 괴롭고, 고통스럽다.

원수를 만들지 말라

원수는 하늘에서 내려오거나 땅에서 솟아나지 않는다. 원수는 만들어진다. 할 수 있으면 원수를 만들지 말아야 한다. 그래야 행복하다. 다른 사람과 맺히지 말아야 한다. 관계가 맺히면 그는 나의 원수가 된다. 원수가 있으면 불편하다. 우리는 좋은 관계를 맺고, 좋은 관계를 유지하기 위해 힘써야 한다.

원수가 된 사람과 다시 좋은 관계를 만들기 위해 쓰는 힘이 100이라면, 그와 좋은 관계를 유지하기 위해서는 10만큼의 힘만 써도 된다. 원수가 되어 소송하면서 써야 하는 시간과 돈은 관계가 좋을 때 그 관계를 유지하기 위해 쓰는 시간과 돈과는 비교가 안 되게 많이 든다.

원수를 만들지 않고 사는 것이 지혜다. 관계가 나빠지기 전에 수습하는 것이 경제적이다. 싸우고 난 후에 화해하는 것도 좋지만, 더 좋은 것은 싸우지 않는 것이다. 그러나 어떤 연유로든 원수가 되었다면 가능한 한 빨리 그 원수를 없애야 한다. 그것이 지혜다.

복수로 원수를 없앤다. 가능할까?

원수가 있는 사람들은 원수를 없애려고 한다. 왜냐하면 원수와 함께 살고, 원수의 얼굴을 매일 보는 것이 힘들기 때문이다. 그래서 원수를 제거하려고 한다. 원수를 괴롭게 하고, 힘들게 한다. 따돌리고, 무시하고 멸시한다. 그러나 이렇게 하면 할수록 원수의 존재는 더욱 커진다. 이런 원수가 같은 직장 안에 있다면 그를 회사에서 쫓아내려고 한다. 이것도 사람들이 애용하는 원수를 없애는 '앱'이다. 힘을 가진 권력자들은 자신들의 원수를 다양한 방법으로 제거하려고 한다. 그러나 이것은 진정 원수를 없애는 것이 아니다. 원수를 없앤 것 같지만, 원수가 눈앞에서 사라졌는지 모르지만, 마음 안에는 원수가 여전히 큰 자리를 차지하고 있다. 원수는 없애야 한다. 그러나 복수를 통한 원수 제거는 불가하다. 이 땅의 앱으로는 원수를 없앨 수 없다.

복수 불가

무협영화는 대부분 어떤 사람이 여러 사람에 의해 처참하게 죽임을 당하는 장면으로 시작된다. 그때 카메라 앵글은 한 어린아이에게 맞춰진다. 그 가운데서 살아남은 그 집 아들이다. 간신히 목숨을 건진 이 아들은 대부분 산으로 들어가서 고수의 무술 지도를 받는다. 그러다 그 아이가 사부를 이기는 장면이 나오거나, 신기에 가까운 무술 능력을 발휘하는 것을 멀리서 사부가 지켜보는 장면이 나온다.

그다음 사부의 대사는 대부분 "하산하여라"이다. 사나이가 된 그가 칼 하나를 차고 하산하다 누군가를 괴롭히는 한 무리의 못된 사람들을 만난다. 그때 하산하던 사나이가 검도 빼지 않고 그 무리를 제압한다. 그러고는 이런 대사가 이어진다. "아무개의 아들이 돌아왔다고 전하라!" 다음 장면은 대부분 그 무리가 돌아가서 두목에게 야단맞는 모습이 나온다. "누가 너희를 이렇게 만들었단 말이냐?" 그리고 "아니, 아무개의 아들이…"라며 겁에 질려 당황하는 두목의 얼굴이 클로즈업된다.

이렇게 시작된 영화의 끝은 하산한 사나이가 아버지의 원수를 갚는 것이다. 이렇게 해서 복수가 이루어진 것 같지만 그렇지 않다. 어쩌면 그건 또 다른 영화의 시작이다. 그 집 아들이 또 산으로 들어간다. 이것이 무협영화의 일반적인 줄거리지만, 영화 이야기만은 아니다.

복수가 무협지나 무협영화에서만 나오지 않는다. 복수는 오늘을 사는 사람들을 통해서도 어렵지 않게 볼 수 있다. 사람들은 누군가 자신을 서운하게 하거나 힘들게 하면 복수로 반응한다. 힘을 갖고 있다면 힘으로, 돈을 갖고 있다면 돈으로, 인사권을 갖고 있으면 인사 조치로 복수한다. 이도 저도 할 수 없으면 생각으로 복수한다. 사람들의 생각 속에 머물렀던 복수를 그대로 풀어놓으면 아마 복수혈전이 열 권 이상은 나올지 모른다.

복수는 안 된다. 복수를 하면 안 된다는 의미이기도 하지만, 복수는 할 수 없다는 의미에서 한 말이다. 아무리 복수를 하려고 해도 복수는 안 된다. 성경을 통해 깨달은 진리다.

성경에도 복수하려고 나선 사람 이야기가 있다. 그중에 대표적인 사람이 하만이란 사람이다. 그는 높은 지위에 있었다. 그런데 어떤 사람이 그에게 절을 하지 않았다. 그를 괘씸하게 여긴 하만은 절을 하지 않은 그 사람에게 복수하기로 마음먹었다. 자신이 갖고 있는 권력을 이용해 복수하기로 했다. 그 한 사람을 죽이는 것으로는 분이 풀리지 않을 것 같아 하만은 그가 속한 민족 모두를 죽이려고 했다. 왕에게 나아가 그 모든 것을 허락받았다. 이제 시행만 남았다. 하만은 절을 하지 않은 그 사람을 나무에 달아 죽이려고 나무도 세웠다.

절 한 번 안 한 일이 그렇게 큰일인가. 그 사람과 그 민족 전체를 죽여야 할 정도로 큰 문제인가. 그렇지 않다. 그러나 누군가가 나에게 절을 하지 않은 작은 문제도 생각을 부풀리면 얼마든지 큰 문제가 될 수 있다. 서운함은 돌연변이다. 어떻게 커질지 모른다. 어떻게 변이될지 모른다. 미움으로 변이되기도 하고 분노로 변이되기도 한다. 때로는 살인으로 이어지기도 한다. 엄청난 사건이 일어난 후에 우리가 놀라는 것은 그것이 아주 사소한 일에서 시작되었다는 사실이다. 내게 인사하지 않은 사람을 향한 서운함을 그대로 방치하면 그것이 그 사람뿐 아니라 그가 속한 민족 모두를 죽여버리겠다는 살의로 커질 수도 있다.

여하튼 하만은 복수를 하려고 했다. 크게 복수하려고 했다. 그러나 복수는 이루어지지 않았다. 그는 자신에게 절하지 않은 사람을 매달아 죽이려고 세운 나무에 오히려 자신이 매달려 죽고 말았다. 성경은 이 사실을 통해 우리에게 복수하지 말라고, 복수는 불가하다고 가르친다.

원수에게 잘해주라?

성경 말씀 중에는 순종하고 싶은 마음이 들지 않고, 순종하면 손해가 될 것 같은 말씀도 있다. 원수에 대해 우리가 어떻게 해야 하는지를 일러주는 말씀도 그중 하나다.

너희 원수를 사랑하며

너희를 박해하는 자를 위하여 기도하라. 마태복음 5장 44절

원수를 갚지 말며 동포를 원망하지 말라. 레위기 19장 18절

너희 원수를 사랑하며

너희를 미워하는 자를 선대하라. 누가복음 6장 27절

아무에게도 악을 악으로 갚지 말고

모든 사람 앞에서 선한 일을 도모하라. 로마서 12장 17절

너희가 친히 원수를 갚지 말고 하나님의 진노하심에 맡기라.

기록되었으되 원수 갚는 것이 내게 있으니

내가 갚으리라고 주께서 말씀하시니라. 로마서 12장 19절

네 원수가 주리거든 먹이고 목마르거든 마시게 하라.

그리함으로 네가 숯불을 그 머리에 쌓아 놓으리라.

악에게 지지 않고 선으로 악을 이기라. 로마서 12장 20-21절

너희를 저주하는 자를 위하여 축복하며

너희를 모욕하는 자를 위하여 기도하라. 누가복음 6장 28절

오히려 하나님이 "너를 선대하는 자를 너도 선대하고, 너를 홀대하는 자를 너도 홀대하라.", "네 이웃은 사랑하고 네 원수는 미워하라"고 했으면 좋겠다는 마음이 들 때가 있다.

그런데 예수님은 "네 이웃을 사랑하고 네 원수를 미워하라 하였다는 것을 너희가 들었으나 나는 너희에게 이르노니 너희 원수를 사랑하며 너

08_ 원수는 없애라

희를 박해하는 자를 위하여 기도하라"며 "너희가 너희를 사랑하는 자를 사랑하면 무슨 상이 있으리요. 세리도 이같이 아니하느냐. 또 너희가 너희 형제에게만 문안하면 남보다 더하는 것이 무엇이냐. 이방인들도 이같이 아니하느냐"고 반문하신다.

예수님은 우리를 사랑하시고 우리를 위하시는 분이다. 그분이 이렇게 말씀하시는 것은 분명 이것이 우리에게 유익하기 때문이다. 그 유익이 무엇일까. 하나님의 말씀대로 하면, 하나님이 원수에게 이렇게 하라고 하신대로 하면, 원수가 없어진다. 이것은 원수를 없애는 방법이다. 그런데, 그것이 우리가 생각하는 원수 없애는 방법과 달라도 많이 다르다.

원수를 없애는 방법_ 사랑

원수는 없애야 한다. 하나님이 가르쳐 주시는 원수를 없애는 방법은 복수가 아니라 사랑하는 것이다. 원수를 미워하면 그는 계속 나의 원수로 남아 있지만, 사랑하면 원수는 없어진다. 원수를 사랑하면 그는 내 가족이 되고 이웃이 된다. 형제가 되고 동료가 된다. 그래서 하나님은 원수를 사랑하라고 하는 것이다.

원수를 사랑하라는 의미는 원수를 없애라는 것이다. 원수 없이 살아야 행복하기 때문이다. 그런데 이 깊은 하나님의 뜻을 모르다 보니 하나님이 자신을 사랑하지 않고 원수를 사랑하신다고 오해하는 것이다.

원수를 미워하지 말라는 것까지는 어떻게 한번 해보면 할 수 있을 것 같다는 사람들이 있다. 그런데 성경은 원수를 사랑하고 선대하고 축복하라고 한다. 그래서 힘들어한다. 원수를 사랑하는 일은 누구에게나 힘든 일이다. 자신의 힘이나 본성으로 할 수 있는 일이 아니다.

원수를 없애는 방법_ 기도

일반적으로 사람들은 원수나 원수가 자신을 박해한 일을 생각한다. 그것을 곰곰이 생각한다. 생각하고 또 생각한다. 원수에 대한 생각은 밤이 되어도 멈추지 않는다. 몸을 이리저리 뒤척거리며 계속 생각한다. 그러다 화가 치밀어 오르면 한밤중에 원수를 향해 메일을 쓰거나 전화를 돌리기도 한다. 아날로그 시절에는 밤에 쓴 편지는 아침에 읽어 보고 보낼 수 있었는데, 지금은 쓰면 바로 간다. 심할 때는 날이 밝기까지 원수를 생각하고, 원수가 나를 핍박한 일을 생각한다. 이러면 원수는 점점 커진다. 이러다 원수의 비중이 삶 전체를 차지하는 상황을 맞을 수도 있다.

예수님은 원수 생각 대신에 우리에게 할 수 있는 것을 일러주셨다.

네 이웃을 사랑하고 네 원수를 미워하라 하였다는 것을 너희가 들었으나
나는 너희에게 이르노니 너희 원수를 사랑하며
너희를 박해하는 자를 위하여 기도하라. 마태복음 5장 43-44절

예수님의 가르침에 "원수를 사랑하라"와 "너희를 박해하는 자를 위하

여 기도하라"는 말씀이 함께 나온다. 원수를 사랑하는 것은 기도해야 가능한 일이다. 기도하면 성령을 받는다. 성령 충만해야 원수 사랑이 가능하다.

"너희를 박해하는 자를 위하여 기도하라." 이 예수님의 말씀 속에는 너희 원수가 네게 한 일을 생각하지 말고, 원수를 위해 기도하라는 의미가 담겨있다. 원수는 생각하면 커지고 기도하면 작아진다. 원수가 커지면 골리앗과 같아진다. 자신이 키워놓은 원수로 인해 두려워 떠는 일이 생길 수 있다. 원수를 생각하고, 원수가 나를 핍박한 일을 생각하면 잠을 못 이루고, 원수를 위해 기도하면 단잠을 잔다. 원수를 생각하면 원수가 차지하는 비중이 커지고 기도하면 적어지거나 없어진다. 원수의 비중이 커지면 마음이 온통 원수로 가득 찬다. 다른 생각을 할 여유가 없어진다. 삶에서 원수가 차지하는 비중이 커지면 창조적인 생각과 발전적인 일들을 할 수 있는 여력이 없어진다. 쉼이 사라진다.

야곱의 경우가 기도로 원수를 없앤 케이스다. 야곱은 형이 받을 아버지의 축복을 중간에서 가로챘다. 그 일로 형의 노여움을 사서 외삼촌 집으로 도망치듯이 내려갔다. 잠시 형의 노여움이 가라앉을 때까지 피한다는 것이 그만 20년을 외삼촌 집에서 살아야 했다. 너무나 그리운 곳이 고향이다. 야곱은 가족들과 그의 소유를 다 가지고 고향집으로 돌아가기로 했다. 고향이 가까워오면 올수록 야곱의 마음은 무거웠다. 형 에서 때문이다. 사람들을 앞서 보내 알아보니, 형이 사백 명을 거느리고 자기를 만나러 오고 있다. 그렇다고 야곱이 다시 외삼촌 집으로 돌아갈 수 있는 상황도 아니다. 야곱은 심히 두렵고 답답했다. 그는 자기와 함께한 사람과 양과 소와 낙타를 둘로 나눴다. 형 에서가 와서 한 떼를 치면 남은 한 떼는 도망가라고 일렀다. 그러고는 하나님 앞에 앉아 기도했다.

내가 주께 간구하오니 내 형의 손에서,
에서의 손에서 나를 건져내시옵소서.
내가 그를 두려워함은
그가 와서 나와 내 처자들을 칠까 겁이 나기 때문이니이다. 창세기 32장 11절

야곱은 형을 위해 그 소유 중에서 예물을 택해 종들에게 주면서 형에게 전해달라고 했다. 야곱은 예물을 먼저 보내 형의 감정을 푼 후에 대면하면 형이 혹시 자신을 받아주지 않을까 하는 기대를 했다. 야곱은 형 에서와 맺힌 것을 풀기 위해 자신이 할 수 있는 일은 다 했다. 그러나 이것으로 형과 맺힌 것이 풀어질 것이라는 확신이 없었다. 그는 가족들을 다 얍복강을 건너게 한 후에 그 강가에 홀로 남았다. 홀로 남아 밤새도록 기도했다. 성경에는 하나님의 사자와 씨름을 했다고 기록되어 있다.

이 일 후에 야곱이 눈을 들어 보니 형 에서가 사백 명을 거느리고 오고 있다. 야곱이 몸을 일곱 번 땅에 굽히며 형 에서에게 가까이 갔다. 야곱이 얼마나 긴장을 했겠는가. 형에게 죽을 수도 있고, 살 수도 있는 상황

이다. 자신뿐만 아니라 가족들도 같은 위험에 처한 상황이다. 그런데 놀라운 일이 일어났다. 형 에서가 달려와서 그를 맞아서 안고 목을 어긋맞추어 그와 입 맞추고 서로 우는 뜻밖의 상황이 연출되었다.

에서가 야곱에게 물었다. "내가 만난 바 이 모든 떼는 무슨 까닭이냐?" 야곱이 앞서 형에게 보낸 예물인 짐승 떼를 두고 한 말이다. 야곱이 대답했다. "내 주께 은혜를 입으려 함이니이다."

에서가 말을 받았다. "내 동생아, 내게 있는 것이 족하니 네 소유는 네게 두라." 세상에, 어찌 이런 일이…. 야곱은 아마 꿈인가 생시인가 했을 것이다.

"그렇지 아니하니이다. 내가 형님의 눈앞에서 은혜를 입었사오면 청하건대 내 손에서 이 예물을 받으소서. 내가 형님의 얼굴을 뵈온즉 하나님의 얼굴을 본 것 같사오며 형님도 나를 기뻐하심이니이다. 하나님이 내게 은혜를 베푸셨고 내 소유도 족하오니 청하건대 내가 형님께 드리는 예물을 받으소서."

야곱이 강권하자 에서는 그것을 받았다. 그러고는 내가 너의 앞잡이가 되어주겠다고 했다. 가이드를 해주겠다는 것이다. 호위를 해주겠다는 것이다. 야곱이 형의 그 제안은 정중히 거절했다.

20년 동안 맺혔던 것이 풀어졌다. 원수지간이 형제지간으로 바뀌었다. 에서가 야곱과 입을 맞추기 위해 사백 명을 거느리고 동생을 마중 나온 것은 아니었다. 그런데 결과는 그렇게 되었다. "너는 내 칼에 죽어야 한다. 내 칼을 받으라"는 소리를 들을 수 있는 상황에서 "내 동생아, 내게 있는 것이 족하니 네 소유는 네게 두라"는 소리를 들은 것이다. 이것은 하나님이 기도한 야곱에게 주신 응답이다. 얍복강가에서 밤이 맞도록 간절히 기도한 야곱에게 원수는 없어지고 형만 남는 하나님의 은혜가 임한 것이다.

원수를 없애는 방법_ 축복

일반적으로 원수를 향해 좋은 말이 나오지 않는다. 그의 면전에서도 그렇고, 다른 사람 앞에서도 그렇다. 원수를 흉보고 비난하고 저주하는 것은 사람의 본성이다. 그런데 성경은 사람의 본성과 반대되는 것을 명하고 있다.

> 너희를 박해하는 자를 축복하라. 축복하고 저주하지 말라. 로마서 12장 14절
> 너희를 저주하는 자를 위하여 축복하며
> 너희를 모욕하는 자를 위하여 기도하라. 누가복음 6장 28절

성경의 가르침은 원수를 향해 저주하지 말라는 정도가 아니라 원수를 축복하라는 것이다. 원수를 위해 하나님께 복을 빌라는 말이다. 원수를 위해 좋게 말하라는 것이다. 쉬운 일이 아니다. 본성을 따라서는 도무지 할 수 없는 일이다. 원수를 향해 저주해야 속이 시원할 것 같은데, 저

주하지 말라는 정도가 아니라 원수를 축복하라고 하니 어찌 이것을 죄로 말미암아 변질된 본성이 있는 사람이 할 수 있겠는가. 이것은 성령의 소욕, 곧 성령이 원하는 바를 따라야만 가능한 일이다.

원수를 사랑하라는 명령과 기도하라가 함께 들어 있는 것처럼, 원수를 축복하라는 명령과 기도가 함께 들어 있다. 기도해야 가능하다는 말이다. 기도하고 성령이 충만해야 원수를 축복할 수 있다.

원수를 향해 축복하는 것은 원수를 없애는 지름길이다. 원수를 향해 저주하면 그 원수는 내 안에서 더욱 견고하게 자리를 잡는다. 그러나 원수를 향해 축복하면 원수는 사라진다.

원수를 없애는 방법_ 신탁

원수가 한 일이 악할 때, 우리 안에 있는 정의심이 발동한다. 정의의 칼을 빼어 들기 쉽다. 그런데 성경은 이번에도 역시 일반적인 사람들이 가는 길과 반대되는 길을 가라고 한다.

> 너희가 친히 원수를 갚지 말고 하나님의 진노하심에 맡기라.
> 기록되었으되 원수 갚는 것이 내게 있으니
> 내가 갚으리라고 주께서 말씀하시니라. 로마서 12장 19절

성경의 가르침은 원수 갚는 것을 너희가 하지 말고 하나님의 진노하심

에 맡기라고 한다. 하나님은 친히 "원수 갚는 것이 내게 있으니 내가 갚으리라"고 말씀하셨다. 원수를 갚기 위해 힘이 없는 사람이 힘이 있는 사람을 고용하기도 한다. 이렇게 하려면 돈도 많이 들지만, 불법으로 처벌을 받을 수도 있다. 그런데 이 힘들고 궂은일을 하나님이 맡아 처리해 주시겠다고 자원하신 것이다. 그것도 무료로. 우리는 믿고 맡기면 된다.

자신이 직접 원수를 갚으려고 하면 싸움은 끝나지 않는다. 싸움이 계속되는 동안 그는 여전히 나의 원수일 수밖에 없다. 원수 갚는 것은 하나님께 맡기라. 하나님께 신탁하라. 이것이 원수를 없애는 길이다. 원수 갚는 것을 하나님께 맡기면 원수는 내게서 하나님께로 옮겨진다. 내게서는 원수가 사라진다. 하나님께 신탁한 원수에 대해서는 하나님이 알아서 처리하실 것이다.

원수를 없애는 방법_ 용서

사이좋게 지내고 싶다. 그렇지만 그 사이가 막힐 때가 있다. 관계에 어려움이 생길 때가 있다. 원수지간이 될 때가 있다.

닫힌 관계는 열어야 하고 맺힌 관계는 풀어야 한다. 원수는 없애야 한다. 이것을 위해 하나님이 주신 도구가 있다.

예수님이 한번은 제자들에게 물으셨다.

"사람들이 나를 누구라고 하느냐?"

제자들이 각기 들은 말을 예수님께 전해드렸다.

이 말을 듣고 예수님이 다시 물으셨다.

"너희는 나를 누구라 하느냐?"

제자 중에 한 사람, 베드로가 대답했다.

"주는 그리스도시요 살아 계신 하나님의 아들이시니이다."

이것은 "나의 주가 되신 예수님은 메시아이시고, 하나님이시라"는 신앙고백이다. '그리스도'는 헬라어고 '메시아'는 히브리어다. 그 뜻은 같다. 하나님의 아들은 하나님이시다. 이것은 위대한 신앙고백이다.

이 신앙고백을 한 베드로에게 예수님은 천국 열쇠를 주겠다고 하셨고, 베드로는 그 열쇠를 받았다. 베드로만 아니라 베드로와 같은 신앙고백을 하는 사람도 받았다. 예수 믿는 사람들은 천국 열쇠를 받은 사람들이다.

열쇠가 있다는 말은 곧 자물쇠가 있다는 말이다. 천국 열쇠가 있으면 천국 자물쇠가 있다. 천국 문은 잠겨 있다. 열쇠가 있는 사람만이 그 문을 열 수 있다. 바로 그 천국 열쇠를 베드로가 받았고, 예수 믿는 우리가 받았다. 천국 문 앞에서 천국의 열쇠를 넣고 돌릴 때 그 문이 열리는 장면을 상상해 보라. 천국 문이 열리면 빛나는 천국이 펼쳐질 것이다. 천사들의 노랫소리가 들리고 하늘 보좌 우편에 앉으신 예수님이 달려와 "어서 와라, 잘하였다. 착하고 충성된 종아" 하시며 안아주실 것이다.

이 생각을 하면 이 세상에서 당하는 고난은 넉넉히 견딜 수 있다. 천국 열쇠를 바라보면 힘이 난다. 죄를 이기고, 선으로 악을 이길 힘이 난다.

이 책을 읽는 분 모두가 이 천국 열쇠를 받았으면 좋겠다. 예수님이 베드로에게 약속하신 천국 열쇠는 신약성경을 기록한 헬라어 성경으로 보면 '천국 열쇠들'이다. 천국이 여러 개인가. 아니다. 천국은 하나다. 그런데 왜 천국 열쇠들을 주셨을까? 이것은 우리가 죽은 다음 천국에 들어갈 때만 천국 열쇠가 필요한 것이 아니라 이 땅에 사는 동안에도 열어야 할 천국 문들이 있다는 것으로 적용할 수 있다.

예수님이 신앙고백을 한 베드로에게 천국 열쇠를 주시면서 "네가 땅에서 무엇이든지 매면 하늘에서도 매일 것이요. 네가 땅에서 무엇이든지 풀면 하늘에서도 풀리리라" 하셨다.

예수님은 열쇠를 넣고 잠그는 것을 매는 것이라고 하셨고, 열쇠를 넣고 여는 것을 푸는 것이라고 하셨다. 네가 이 땅에서 잠그면 하늘에서도 잠기고, 이 땅에서 열면 하늘에서도 열린다고 하셨다. 이 땅과 하늘이 연동되어 있다. 천국 열쇠를 든 우리는 이 땅에서 맬 수도 있고, 풀 수도 있다. 우리는 이 땅에서 잠그고 살 수도 있고, 열고 살 수도 있다. 중요한 것은 이 땅에서 매면 하늘에서도 매이고, 이 땅에서 풀면 하늘에서도 풀린다는 사실이다.

사람과의 관계에 이 말씀을 적용하면, 우리는 사람과 맺고 살 수도 있고, 풀고 살 수도 있다. 원수가 있는 채로 살 수도 있고, 원수를 없애고 살 수도 있다.

팔복 강해 중에 예수님은 제자들에게 "그러므로 예물을 제단에 드리려

다가 거기서 네 형제에게 원망들을 만한 일이 있는 것이 생각나거든 예물을 제단 앞에 두고 먼저 가서 형제와 화목하고 그 후에 와서 예물을 드리라"고 당부하셨다. 이 말씀은 예수님이 제자들에게 사람과 맺힌 것을 푸는 것의 중요성을 가르쳐주신 것이다.

예물을 드리는 것은 헌금을 드리는 것이다. 조금 더 확대하면 예배를 드리는 것이다. 헌금을 드리는 것, 예배를 드리는 것은 귀한 일이다. 그러나 그보다 먼저 할 일이 있다. 가서 형제와 푸는 것이다. 원수를 없애는 것이다.

예수님은 이어 "너를 고발하는 자와 함께 길에 있을 때에 급히 사화하라. 그 고발하는 자가 너를 재판관에게 내어주고 재판관이 옥리에게 내어주어 옥에 가둘까 염려하라"고 말씀하셨다. 이 말씀은 예수님이 제자들에게 사람과 맺힌 것을 푸는 것의 시급성을 가르쳐주신 것이다.

예수님은 누군가 우리를 고발하려고 할 때 또는 고발당했을 때, 그 사람을 만나 급히 화해하라고 하신다. 그렇지 않으면 감옥에 갇힐 것이라고 하셨다. 풀지 않으면 감옥에 갇힌다. 창살 있는 감옥에 갇히기도 하고, 창살 없는 감옥에 갇히기도 한다. 육신이 감옥에 갇히기도 하고, 마음이 감옥에 갇히기도 한다. 집이 감옥이 되기도 하고, 회사가 감옥이 되기도 하고, 심지어 교회가 감옥이 되기도 한다. 풀지 않으면 불행하다. 어디를 가도 감옥이다. 사람과 풀지 않으면 불행해진다. 어떤 분이 오랜 송사를 끝내면서 그 기간이 지옥 체험이었다고 회상했다. 다시는 하고 싶지 않은 일이 있다면 그것은 송사하는 일이라고 말했다.

맺힌 것은 풀어야 한다. 그것도 빨리 풀어야 한다. 빠르면 빠를수록 좋다. 맺힌 것을 풀지 않으면 불행하다. 풀지 않으면 자신과 맺힌 상대방이 불행해지는 것이 아니다. 맺힌 채로 있는 자신이 불행해진다.

닫힌 관계를 여는 열쇠가 있다. 그중 하나가 용서다. 관계를 풀기 위해서는 회개와 용서의 열쇠가 필요하다. 잘못한 것을 잘못했다고 말하는 것이 회개다. 하나님께 할 때는 회개라고 하고 사람에게 할 때는 사과한다, 또는 용서를 구한다, 잘못을 빈다고 한다. 맺힌 관계에는 잘못으로 인해 상대에게 내가 받아야 할 용서가 있고, 상대가 잘못해서 내가 해야 할 용서가 있다.

하나님과 사람의 관계는 사람 편의 일방적인 잘못 때문에 깨어졌다. 그러나 사람과의 관계에서는 어느 한쪽의 일방적인 잘못으로 관계가 깨어지는 경우는 드물다. 깨어진 관계 속에는 항상 내가 회개해야 할 부분과 내가 용서해야 할 부분이 함께 있다. 아버지에게 상처를 받았다고 하는 사람의 아버지를 만나 이야기를 들어보면 아버지는 그 자녀에게 받은 상처가 있다. 아버지가 일방적으로 잘못한 것이 아니라 그 가운데는 자녀가 잘못한 것도 있다.

회개와 용서, 이것을 통해 깨어진 관계가 회복된다. 닫힌 관계가 열린다. 용서하면 원수가 없어진다.

원수를 없애는 방법_ 하나님을 기쁘시게 하라

원수를 없애는 또 하나의 방법을 성경이 가르쳐준다. 그것은 하나님을 기쁘시게 하는 것이다. 의외라는 생각이 들 수 있다. 하나님을 기쁘시게 하는 것과 사람과 맺힌 것을 푸는 것이 별개일 것 같은데 진리인 성경은 이렇게 말한다.

사람의 행위가 여호와를 기쁘시게 하면
그 사람의 원수라도 그와 더불어 화목하게 하시느니라. 잠언 16장 7절

사람들과 좋은 관계 속에 사는 것은 하나님이 주시는 상이다. 하나님을 기쁘시게 하면 하나님이 그에게 사람과 더불어 화목하게 해주신다. 이것이 하나님의 상이다. 그 사람의 원수라도 그와 더불어 화목하게 해주신다. 하나님이 사람들이 나를 좋아하게 하시면 사람들은 나를 좋아한다. 사람의 마음이 하나님의 손안에 있기 때문이다. 우리가 하나님을 기쁘시게 하면 하나님이 우리에게 하나님과 사람 앞에서 은총과 귀중히 여김을 받게 하신다.

경험을 한 사람은 알겠지만 한번 깨어진 관계, 한번 맺힌 관계를 회복하는 것이 얼마나 어려운 일인가. 성경은 노엽게 한 형제와 화목하기가 견고한 성을 취하기보다 어렵고 이러한 다툼은 산성 문빗장 같다고 했다. 쉬운성경으로 보면 모욕을 당한 형제의 마음은 요새보다 정복하기

어렵고, 다툼은 요새의 빗장같이 마음을 닫게 한다고 되어 있다. 이 깨진 관계를 회복하기 위해 우리는 당사자와 다양한 시도를 한다. 그런데 어떤 경우는 우리가 애를 쓰고 수고하였음에도 관계가 풀어지지 않는 경우가 있다. 원수가 없어지지 않는 경우다. 그때는 하나님께 맡겨야 한다. 맺힌 관계 중에는 하나님이 풀어주셔야 하는 관계도 있다. 우리의 행위로 하나님을 기쁘시게 하면서 하나님이 그 사람과 화목하게 해주실 것을 기대하고 기다려야 할 때가 있다.

원수를 없애면 여백이 생긴다

원수를 사랑하고 위하여 기도하라, 축복하라는 말씀 속에는 우리를 향한 하나님의 큰 사랑이 들어 있다. 나를 핍박하는 사람을 미워하지 말고, 그를 사랑하라는 말씀대로 하면 시간이 생긴다. 여유가 생긴다. 여백이 있는 삶을 산다. 사람에게는 동일한 시간이 주어졌다. 어떤 사람은 그 시간을 버린다. 원수를 사랑하는 사람은 그 시간을 쓴다.

만약 우리가 우리를 핍박하는 사람을 미워하고 원수를 갚으려고 한다면 우리는 참으로 많은 것을 잃게 된다. 복수할 궁리를 해야 한다. 그 일에 많은 시간을 버려야 한다. 증오심으로 마음을 채워야 한다. 그것으로 몸은 상하게 된다. 원수를 미워하는 것을 정당화하기 위해 사람들을 붙잡고 그를 비방해야 한다. 그러는 사이 우리를 존경하던 사람이 우리에게 실망한다. 사람을 잃는다. 억울한 것은 이런 후에도 여전히 그 원수는 우리 곁에 그대로 있다는 사실이다.

예수님의 말씀대로 우리를 핍박하는 원수를 사랑하면 우리는 많은 것을 얻는다. 시간을 번다. 나를 핍박하는 사람, 내게 억지로 오 리를 가자고 하는 사람, 내 속옷을 가지고자 하는 사람을 위해 기도하고, 십 리를 동행하고, 겉옷을 주면, 그 일은 거기서 끝이다. 그다음 시간은 다 내 것이다. 그 시간이면 그 사람에게 준 겉옷 백 벌, 천 벌을 살 수 있는 일을 할 수 있다.

하나님이 원수를 사랑하라고 하셨다고 해서 억울해하지 말라. 하나님이 나를 사랑하시는 것이 아니라 내 원수를 사랑하는 것이라고 오해하지 말라. 나를 위해, 나를 사랑하셔서 하나님이 하신 말씀이다.

원수를 미워하지 않으려고 하는 데까지만 하려고 하지 말고 거기서 한 걸음 더 나가 사랑하라. 원수가 주리면 기회가 온 것이다. 쌀 사주고, 밥 사주라. 원수가 목말라하면 물을 주라. 원수를 미워하지 않으려고 애쓰고 노력하지만 잘 안 될 때, 한 걸음 더 나가 원수의 필요를 채워주라. 원수의 딸이 학비가 없어 학교를 못가는 상황이면 등록금을 내줘보라. 순간 원수가 사라지고 친구만 남는 은혜를 맛볼 것이다. 이것이 악에게 지지 않고 선으로 악을 이기는 길이다.

원수가 사명자일 수 있다

우리 주위에는 여러 사명자가 있다. 우리에게 힘과 용기를 주는 사명자가 있다. 마치 로뎀나무 아래 누워 있는 엘리야를 찾아온 하나님의 사자 같은 사명자. 천국을 미리 경험시켜 주는 사명자도 있다. 우리의 존재 의미를 깨닫게 해주는 사명자도 있다. 매 주일 계속해서 설교할 수 있도록 격려하는 사명자도 있다. 넘어지고 쓰러진 우리를 어루만지며 일으켜 세워주는 사명자도 있다.

나는 전에는 이런 이들만 사명자로 알았다. 그런데 언제부터인가 사명자의 폭이 넓게 보이기 시작했다. 전에는 나를 괴롭게 하는 사람으로 보이던 이가, 나를 힘들게 하는 사람으로 보이던 이가 어느 날 내게 사명자로 다가왔다. '아, 저분은 나 기도시키는 사명자구나. 아, 저분은 나로 하여금 하나님만 의지하게 하는 사명자구나.' 이렇게 사명자가 보이면서부터 그들을 대하는 내 태도가 달라지는 걸 느꼈다. 그들에게 미안한 마음이 들었다. "내가 기도하는 일을 게을리하지 않았다면, 내가 계속 겸손했다면, 내가 하나님만 의지했다면, 저분이 저러지 않았을 텐데…." 이렇게 생각하니 죄송스럽기 그지없다.

하나님은 우리가 하나님을 사랑하는 것을 확인하고 싶어 하신다. 마치 아브라함이 하나님을 경외하는 것을 모리아 산에서 확인하셨듯이 말이다. 우리가 하나님을 사랑한다면 이제 우리는 하나님을 사랑하는 것을 하나님께 확인시켜 드려야 한다.

우리 주변에는 우리가 하나님을 사랑하는 여부를 확인하기 위해 하나님이 붙여주신 사람들도 있다. 가족 중에도 있고, 직장에도 있고, 교회에도 있고, 기관에도 있다. 어디를 가도 있다. 바라만 보아도 사랑스러운 사람, 그는 아니다. 생각만 해도 좋은 사람, 그도 아니다. 얼굴을 대면하는 것이 고통스러운 사람, 그 사람만 없으면 살 것 같은 사람, 바로 그 사람이다. 그가 '사명자'다. 그는 우리가 하나님을 사랑하는 여부를 확인시켜 주는 사명을 갖고 우리 곁에 와 있는 것이다. 그를 통해서 우리는 우리가 하나님을 사랑하는 여부를 확인할 수 있다. 그 사명자를 사랑하는 것은 하나님을 사랑하는 확실한 증거다. 그 사명자를 미워하고, 제쳐놓고는 하나님을 사랑할 수 없다.

사명자를 미워하지 말라. 따돌리지 말라. 제쳐놓지 말라. 쫓아내지 말라. 쫓아내면 더 큰 사명자가 온다. 안 오면 안에서 생긴다. 사명자를 사랑하라. 사명자가 있다. 사명자마다 사명이 다르다. 모든 사명자를 사랑하라. 그래야 행복하다.

이 '사명자'는 자신의 사명을 완수하면 사라진다. 기도시키는 사명자는 기도하면 사라진다. 겸손하게 하는 사명자는 겸손해지면 사라진다. 연단시키는 사명자는 연단을 받으면 사라진다. 회개시키는 사명자는 회개하면 사라진다. 사라진다는 말이 그가 죽거나 당신 곁을 떠난다는 말이 아니다. 그가 사명을 다했기 때문에 이제 더 이상 당신 곁에서 사명을 수행하지 않는다는 말이다. 더 이상 당신을 힘들게 하거나 괴롭히지 않는다는 말이다. 오히려 그 사람 때문에 인생이 더욱 의미 있고 풍요로워진다. 이런 현상을 두고 사랑이 사람을 변화시킨다고 한다.

멀리해야 할 사람도 있다

성경은 "너는 악인의 형통함을 부러워하지 말며 그와 함께 있으려고 하지도 말지어다"라며 "너는 행악자들로 말미암아 분을 품지 말며 악인의 형통함을 부러워하지 말라"고 권고한다. 악인과 행악자가 혹여 형통한 것 같아도 부러워하지도 말고, 그들로 인해 분을 품지도 말라고 한다. 그 이유를 성경은 행악자는 장래가 없고, 악인의 등불은 꺼질 것이기 때문이라고 가르친다.

성경은 사귈 사람과 사귀지 말아야 할 사람을 가르쳐주고 있다. 다음은 성경이 가르쳐주는 사귀지 말아야 할 사람의 목록과 그 이유다.

노를 품는 자 울분한 자

노를 품는 자와 사귀지 말며 울분한 자와 동행하지 말지니 그의 행위를 본받아 네 영혼을 올무에 빠뜨릴까 두려움이니라. 잠언 22장 24-25절

반역자

내 아들아 여호와와 왕을 경외하고 반역자로 더불어 사귀지 말라. 대저 그들의 재앙은 속히 임하리니 그 둘의 멸망을 누가 알랴. 잠언 24장 21-22절

이단에 속한 자

누가 이 편지에 한 우리 말을 순종하지 아니하거든 그 사람을 지목하여 사귀지 말고 그로 하여금 부끄럽게 하라. 데살로니가후서 3장 14절

이단에 속한 사람을 한두 번 훈계한 후에 멀리하라. 디도서 3장 10절

누구든지 이 교훈을 가지지 않고 너희에게 나아가거든 그를 집에 들이지도 말고 인사도 하지 말라 그에게 인사하는 자는 그 악한 일에 참여하는 자임이라. 요한이서 1장 10-11절

술을 즐겨 하는 자와 고기를 탐하는 자와 잠자기를 즐겨 하는 자

술을 즐겨 하는 자들과 고기를 탐하는 자들과도 더불어 사귀지 말라. 술 취하고 음식을 탐하는 자는 가난하여질 것이요 잠자기를 즐겨 하는 자는 해어진 옷을 입을 것임이니라. 잠언 23장 20-21절

두루 다니며 한담하는 자

두루 다니며 한담하는 자는 남의 비밀을 누설하나니 입술을 벌린 자를 사귀지 말지니라. 잠언 20장 19절

미련한 자

지혜로운 자와 동행하면 지혜를 얻고 미련한 자와 사귀면 해를 받느니라. 잠언 13장 20절

사귀지 말라는 말의 의미

내가 너희에게 쓴 편지에 음행하는 자들을 사귀지 말라 하였거니와 이 말은 이 세상의 음행하는 자들이나 탐하는 자들이나 속여 빼앗는 자들이나 우상 숭배하는 자들을 도무지 사귀지 말라 하는 것이 아니니 만일 그리하려면 너희가 세상 밖으로 나가야 할 것이라 이제 내가 너희에게 쓴 것은 만일 어떤 형제라 일컫는 자가 음행하거나 탐욕을 부리거나 우상 숭배를 하거나 모욕하거나 술 취하거나 속여 빼앗거든 사귀지도 말고 그런 자와는 함께 먹지도 말라 함이라. 밖에 있는 사람들을 판단하는 것이야 내게 무슨 상관이 있으리요마는 교회 안에 있는 사람들이야 너희가 판단하지 아니하랴. 밖에 있는 사람들은 하나님이 심판하시려니와

이 악한 사람은 너희 중에서 내쫓으라. 고린도전서 5장 9-13절

| 에필로그 |

거기서 여호와께서
복을 명하셨다

FOR A RELATIONAL HAPPINESS

우리를 향하신 하나님이 소원이 있다. 그것은 우리가 사이좋게 지내는 것이다.

보라, 형제가 연합하여 동거함이 어찌 그리 선하고 아름다운고
머리에 있는 보배로운 기름이 수염 곧 아론의 수염에 흘러서
그의 옷깃까지 내림 같고 헐몬의 이슬이 시온의 산들에 내림 같도다.
거기서 여호와께서 복을 명령하셨나니 곧 영생이로다. 시편 133편 1-3절

형제가 연합하여 동거하는 것은, 우리가 하나 되어 사이좋게 지내는

것은 선하고 아름답고 영광스러운 일이다. 이것은 금이나 은보다 더욱 소중하다.

사이좋게 지내는 것을 다른 말로 표현하면 싸우지 않고, 다투지 않고, 화평하게, 화목하게 사는 것이다. 성경을 읽다가 사람이 영광에 이르는 길을 발견했다.

노하기를 더디 하는 것이 사람의 슬기요
허물을 용서하는 것이 자기의 영광이니라. 잠언 19장 11절
다툼을 멀리하는 것이 사람에게 영광이거늘
미련한 자마다 다툼을 일으키느니라. 잠언 20장 3절

이 말씀 속에 '자기의 영광'과 '사람에게 영광'이 나온다. 이렇게 하면 자기에게 영광이 되고, 사람에게 영광이 된다고 했다. '이렇게'에 해당하는 것이 '노하기를 더디 하는 것', '허물을 용서하는 것', '다툼을 멀리하는 것'이다. 노하면 다툼이 일어난다. 허물을 용서하면 다툴 소지가 사라진다. '이렇게' 하는 것이 다툼을 멀리하는 것이다. 사람이 영광에 이르는 이 세 가지 조건을 한마디로 하면 싸우지 않고 사이좋게 사는 것이다. 즉 하나님이 가르쳐 주시는 사람이 영광에 이르는 길은 싸우지 않고 사이좋게 지내는 것이다.

사람마다 가치관이 다르다. 사람마다 타인이나 사물을 평가하는 값이 다르다. 싸우지 않고 사이좋게 지내는 것에 대한 가치를 부여하라고 하면 어떤 사람은 100에 가까운 가치를 부여하고, 어떤 사람은 10이 조금 넘는 값을 줄 수 있다.

예수 믿으면 우리는 각각의 가치 평가를, 성경을 통해 새롭게 한다. 성경에서 이것이 저것보다 낫다고 하면 우리는 그것을 받아들인다. 그래서 예수 믿고 성경을 배우면 가치관이 바뀌는 것이다. 가치 순위가 바뀌는 것이다. 평가절하된 것들이 제대로 평가를 받게 된다. 싸우지 않고 사이좋게 사는 것에 대한 가치도 절상되어야 한다.

> 내가 내게 있는 모든 것으로 구제하고 또 내 몸을 불사르게 내줄지라도 사랑이 없으면 내게 아무 유익이 없느니라. 고린도전서 13장 3절

이것은 우리가 잘 아는 고린도전서 13장 말씀이다. '사랑이 없으면'을 '싸우면'으로 바꾸어 읽어도 된다. 사랑을 소극적으로 표현하면 '싸우지 않는 것'이고 적극적으로 표현하면 '사이좋게 지내는 것'이다. 싸우면서 내게 있는 모든 것으로 구제하고 또 내 몸을 불사르게 내어줄지라도 이것은 내게 아무 유익이 없다. 구제하는 것보다 싸우지 않는 것이 우선이다. 구제하는 것은 선한 일이다. 그러나 싸우면서, 사랑 없이 구제하는 것은 아무 의미가 없다.

싸우지 말아야 한다. 잘하겠다고 하면서 싸우지 말아야 한다. 싸우면서 잘하는 것보다는 싸우지 않고 보통만 하는 것이 낫다. 선한 일을 하겠다고 하면서 싸우지 말아야 한다. 싸우면서 구제하겠다고 하는 것보다 싸우지 않고 구제하지 않는 것이 낫다. 부자 되기 위해 싸우지 말아야 한다. 싸우면서 부자로 사는 것보다 사이좋게 가난하게 사는 게 낫다. 다투는 여인과 함께 큰 집에서 사는 것보다 움막에서 혼자 사는 것이 낫다. 마른 떡 한 조각만으로 화목한 것이 고기와 생선이 가득한 집에서 다투는 것보다 낫다.

너는 그들로 이 일을 기억하게 하여 말다툼을 하지 말라고
하나님 앞에서 엄히 명하라.
이는 유익이 하나도 없고
도리어 듣는 자들을 망하게 함이라. 디모데후서 2장 14절

바울이 디모데에게 한 권면이다. 다툼은 유익이 하나도 없다. 싸우면 잘되는 게 아니다. 도리어 듣는 자들을 망하게 한다. 서로 물고 먹으면 피차 멸망한다. 조심해야 한다. 부부가 자녀를 잘되게 하겠다고 다투는 경우가 있다. 참으로 안타까운 일이다. 자녀를 잘되게 하기 위해 싸우지 말아야 한다. 자녀를 잘되게 하기 위해 싸우는 것보다 부모가 싸우지 않고 사이좋게 지내는 것이 훨씬 자녀를 잘되게 한다.

에필로그

어느 공동체든지 싸우지만 않아도 영광스럽다. 가정도 그렇고, 회사도 그렇고, 교회도 그렇고, 나라도 그렇다. 싸우지 않고 사이좋게 지내는 것이 잘하는 일이다. 화목은 소중한 가치다.

아버지와 어머니가 자녀에게 줄 수 있는 최고의 선물, 최고의 자녀 교육은 부부가 싸우지 않고 사이좋게 지내는 것이다. 이것이 최고의 가정 교육 비법이다. 혹 사람들이 볼 때는 성공한 것 같이 자녀를 키워놓았지만, 만약 그 자녀가 아버지와 어머니의 불화로 인한 상처로 얼룩져 있거나, 부모와 맺혀 있거나, 아버지 혹은 어머니에 대한 증오가 그 마음에 있다면 이것은 실패한 것이다.

하나님은 우리에게 "할 수 있거든 너희로서는 모든 사람과 더불어 화목하라"고 권면하셨다. 싸우고, 다투면 지옥을 경험하기 때문이다. 하나님은 자녀들의 불행을 원하지 않으신다. 행복하기를 원하신다. 그래서 모든 사람으로 더불어 평화하라고 하신 것이다.

하나님 나라는 의와 평강과 희락이다. 그곳엔 다툼이 없다. 이 하나님의 나라, 천국을 경험하며 살기 원하면 즉시 다툼을 멈춰야 한다. 사이좋게 살아야 한다.

싸우면서 정이 든다는 말에 속지 말아야 한다. 부부싸움은 칼로 물 베기라는 말에 속지 말아야 한다. 부부싸움은 칼로 물을 베는 것이 아니라 마음을 베고, 가슴을 베는 일이다.

부부싸움 안 하고 무슨 재미로 사느냐고 하는 사람이 있다. 사이좋게 사는 사람들은 천국을 미리 경험하는 맛에 산다. 싸우는 것은 재미가 아니다. 사이좋게 사는 것이 진정한 재미다.

사람과 맺힌 관계를 푸는 것은 잘하는 일이다. 그러나 더 잘하는 것은 아예 맺히지 않는 것이다. 그것이 잘 사는 것이다. 그것이 능력이다.

시편 기자는 형제가 연합하여 동거하는 거기서 여호와께서 복을 명하셨다고 전하고 있다. 형제가 사이좋게 지내는 거기서 하나님이 복을 명하셨다는 말을 가슴에 담자. 우리의 모든 관계가 하나님이 복을 명하시는 '거기'가 되기를 소망하면서.

거기서 여호와께서 복을 명하셨다

성경에 나오는 욥이 고난을 당했다. 욥이 고난을 당할 때 세 명의 친구가 찾아왔다. 고난의 원인을 둘러싸고 욥과 세 친구들이 논쟁을 벌였다. 이것으로 욥과 세 친구들의 관계가 상했다. 이런 상황에서 하나님은 욥을 회복시키기로 하셨다. 하나님은 욥을 회복시키면서 욥과 친구들의 관계도 함께 회복시켜 주셨다.

만약 친구들과의 관계 회복 없이 하나님이 욥만 회복시키셨다면, 그것은 욥에게 진정한 복이 되지 못했을 것이다. 만약 욥이 다른 부분에서는 다 회복되었지만 친구들과의 관계에서 회복되지 않았다면 이것은 절반의 회복이다. 만약 이렇게 되었다면 회복된 후에도 욥의 마음에는 친구들에 대한 서운함이 남아 있을 것이다. 관계가 회복되어야 진정한 회복이다. 하나님이 욥의 친구들에게 욥에게로 가라고 하셨다. 욥의 친구들은 욥에게 갔고, 욥은 그들을 위해서 빌었다.

> 욥이 그의 친구들을 위하여 기도할 때
> 여호와께서 욥의 곤경을 돌이키시고
> 여호와께서 욥에게 이전 모든 소유보다 갑절이나 주신지라. 욥기 42장 10절

욥이 그 벗들을 위해 빌 때, 욥과 친구들의 관계가 회복될 때 여호와께서 욥의 곤경을 돌이키셨다. 욥에게 이전 모든 소유보다 갑절이나 주셨다. 참 세심한 하나님이시다. 하나님은 욥이 친구들과의 관계를 회복할 때 욥을 회복시키셨다.

재산을 다 잃었고, 자녀를 다 잃었고, 건강을 다 잃었던 욥이 회복되었다. 경제적으로도, 자녀들도, 건강도 다 회복되었다. 이전보다 갑절이나 더 늘었다. 그 회복된 시점이 욥이 그 친구들을 위해 빈 때다. 친구들과 맺힌 것을 푼 때다.

혹 하나님이 회복을 위해 욥의 친구들을 욥에게 보내신 것처럼 우리에게 보내신 '친구들'이 있을 수 있다. 그런데 그 친구들을 위해 빌기를 미루고 있거나 거부하고 있지는 않는지 살펴볼 필요가 있다. 하나님이 경제적인 형편을, 자녀들을, 건강을 회복시켜 주려고 하시는데 그 '친구들'

을 용서하고, 그들을 위해 기도하기를 거부함으로 여전히 회복되지 못한 채로 있는 것은 아닌지 살펴볼 필요가 있다. 관계가 회복될 때 다른 것이 회복된다. 사람과 풀려야 다른 것들도 풀린다.

FOR A RELATIONAL HAPPINESS

앙코르

상상하며 부르는 노래

공연이 끝난 후에 대부분, 관객들은 앙코르를 하고 연주자들은 앙코르를 받아준다. 저자와 독자 사이에도 이런 교감을 나눌 수 있는 장이 있다면, 연주자들이 공연장에서 받는 힘을 저자들도 받을 수 있을 것 같다. 이런 상상을 하면서 우는 이와 함께 울던 현장에서 부른 노래 하나와 관계 행복을 위한 노래 하나를 이어 부른다.

사이클론을 만난 미얀마 사람들

2008년 5월에는 미얀마에서 사이클론 나르기스로 엄청난 희생자가 발생했다. 방콕에서 양곤으로 가는 비행기 안에서 방콕포스트를 읽었는데 1면에 UN이 미얀마 사이클론 사망자 수를 10만 2천 명으로 발표했다는 기사가 실려 있었다. 2008년 5월 12일 월요일 저녁, 아홉 명으로 구성된 한국 교회 긴급구호팀은 뻐떼인을 향해 그 밤에 달렸다. 도착하니 자정이 넘었다. 그곳을 향해 가면서 먼저 온 우리 팀들을 통해 하나님이 하신 일들을 들었다.

사이클론 피해를 가장 많이 본 곳이 바다와 인접해 있는 라부따. 양곤 지역에서 1차 구호를 마친 우리 팀들은 라부따 지역에서 구호 활동을 하기로 했다. 구호 활동을 하기에는 여러 가지 제약이 있었다. 미얀마 당국이 UN을 비롯한 외국 구호팀의 입국을 거절한 상태였다. 다른 나라 재난구호를 갈 때는 재난구호팀이라고 밝히고 대사관이나 그 나라 정부의 협조도 받는데 미얀마는 숨어서 작전하듯이 구호 활동을 해야 했다.

우리가 구호하러 가기로 한 라부따는 외국인 출입 금지 지역이다. 중간에 1박을 하게 될 뻐떼인도 마찬가지다. 그곳까지 가기 위해 수많은 검문소를 지나야 했다. 과연 갈 수 있을까? 우리 팀은 가지고 간 구호금을 현지 화폐로 바꿨다. 여행 가방 두 개가 돈으로 가득 찼다. 돈이 그렇게 무거운지는 그때 처음 알았다. 그야말로 돈가방을 차에 싣고 이른 아침 출발했다.

우리 팀은 두 대의 랜드 크루저를 렌트했다. 미얀마에서 중고 가격이 대당 1억 원 하는 차다. 차량에 세금이 워낙 많이 붙어 사륜구동 자동차의 경우 대부분 몇 천만 원씩 했다. 이런 차는 대부분 군 장성이나 고위 관료들이 타는 차로 분류되어 통행이 자유롭다고 해서 빌린 것이었다. 그 말은 맞았다. 검문소를 통과할 때면 검문도 받아야 하고, 통행세도 내야 한다. 하지만 우리가 탄 차가 검문소에 접근하면 초소를 지키던 군인들이 서둘러 길을 열어주고 거수경례까지 했다. 익숙하지는 않지만, 거수경례로 화답해주었다. 이런 그 나라 사정을 알아서 그런지 렌터카 기사는 군복을 입고 있었다.

뻬떼인에서 1박을 한 우리 팀은 다음 날 아침 그곳에 있는 구호소를 돌아보고 라부따를 향해서 달렸다. 비가 와서 패인 곳이 많은 비포장도로를 다섯 시간을 달려 현장에 도착했다. 현지 교회가 운영하는 현장 구호소엔 우리가 보낸 쌀 10톤과 디젤 등이 도착해 있었다.

우리는 배를 빌려 섬으로 들어가 보기로 했다. 피해 현장이다. 비가 내리는 가운데 우리 팀원들은 작은 배 하나를 빌려 탔다. 우리는 배에 혹시 그곳에 있을지도 모르는 사람들을 위해 쌀 두 포를 싣고 갔다. 40분 정도 배를 타고 가면서 우리 팀원들 모두는 그저 다 넋을 놓았다. 세계에 참 많은 재난 현장을 다녀보았지만, 이런 곳은 처음이었다. 재난이 발생한 지 열흘이 되어 가는데 폭이 50m쯤 되는 강 좌우에 시신들이 그대로 널려 있었다.

40분을 가는 동안 강 좌우에서 우리 팀원들이 확인한 시신만 마흔두 구였다. 그중에도 우리 마음을 아프게 한 시신은 나무에 달린 어린이들 시신이었다. 이야기를 들어 보니 사이클론이 몰려오자 대피할 높은 곳이 없는 마을 사람들은 자녀들을 나무에 매달았다. 물에 쓸려 가지 않도록 단단히 나무에 묶어 놓은 것이다. 그런데 그 나무가 밀려오는 물에 부러진 것이다. 아이들 시신은 십자가에 달린 것처럼 두 손이 나무에 묶인 채로 강변에 방치되어 있었다.

강엔 시신 썩는 냄새가 진동했다. 더 이상 볼 수가 없어 그만 돌아가자고 했다. 그래도 이것은 많이 나아진 상태라고 했다. 처음에는 생존자들을 실으러 배가 들어가기 위해서 시신을 좌우로 밀치면서 다녔다고 우리 선주는 말했다.

우리 모두 더 이상 볼 수 없다고 돌아가자고 할 즈음 무너진 집을 수리하는 사람들 몇이 보였다. 그들이 손짓하는 곳에 배를 댔다. 우리가 싣고 간 쌀 두 포라도 전달하기 위해서 그렇게 했다. 배가 도착하자 어디선가 사람들이 몰려들기 시작했다. 금방 백여 명이 넘는 사람들이 몰려왔다. 거기가 마을이었다. 마을 이름이 꺼닝공이다. 모든 집이 다 쓸려 내려가서 우리는 거기가 마을인지도 몰랐다. 이번 사이클론으로 집들이 대부분 쓸려 내려가 우리 눈에 보이지 않았던 것이다. 마을 이장을 만나 이야기를 나누었다. 1900명이 살던 마을인데 이번에 400명이 죽고 1500명이 살아남았다고 했다. 아이들도 보였고, 아이를 안은 엄마도 보였다. 모든 것이 쓸려나간 중에도 그들은 거기서 살기 위해 다시 무너진 대나무집을 세우고 있었다.

하나님이 주시는 마음이 있었다. 그들의 필요가 무엇인지 물었다. 그들은 이구동성으로 먹을 쌀을 달라고 했다. 또 무엇이 필요하냐고 했더니 소금, 지붕용 천막, 이불, 옷, 양념, 디젤 등이 필요하다고 했다.

마을 사람들에게 위로의 말을 전했다. 하나님의 사랑이 우리를 여기 오게 했다, 한국 교회의 사랑을 갖고 여기 왔다고 전해주었다. 제일 앞쪽에 승려가 서 있었지만, 그도 열심히 들었다. 마을 주민 몇 사람을 안아주었다. 특별히 어린이들을 꼭 껴안아주었다. 살아줘서 고맙다고, 잘 살아달라고….

마을 이장에게 주민 몇 사람과 함께 마을에 있는 배를 가지고 뭍으로 오도록 했다. 어둠이 밀려오는 저녁 시간, 비는 부슬부슬 내리고 있었다. 우리 팀원들은 세 팀으로 나눠 마을 주민 대표들과 함께 장을 보러 갔다. 쌀 10톤, 천막 3,000m, 옷, 이불, 소금, 분유, 고추, 디젤, 기름, 물…. 모두 약 1,000만 원어치를 구입했다. 해안가에 있는 가게들 몇을 비웠다. 따라 나온 마을 주민들이 얼마나 놀라며 좋아했는지 모른다. 다 아들을 잃고 딸을 잃고 아내를 잃은 사람들이다. 그런 그들이 함박웃음을 지으며 어찌나 좋아하던지 그것이 오히려 안쓰러웠다.

길이 없다고 하는 중에도, 할 수 없다고 하는 중에도, 하나님은 길을 여셨고, 하나님이 하셨다. 우리 팀들은 모두 이것은 하나님이 우리에게 주신 특별한 은혜라고 고백했다. 돈이 있어도 구호를 할 수 없고, 구호품을 구입해도 그것을 전달할 수가 없는 안타까운 상황 속에서 하나님은 예기치 않은 방법으로 그들을 먹이셨고 그들을 입히셨다. 우리 팀들이 갈 때 구제 창고에서 챙겨간 옷들이 너무나 귀하게 그들에게 전해졌다.

언제 또다시 같은 일이 그들이 살고 있는 곳에서 일어날지 모른다. 만약 같은 상황이 발생한다면 여전히 같은 일이 일어날 수밖에 없는 지리적이고 구조적인 문제가 있는 곳에서 그들은 산다. 그렇지만 그들은 그곳에서 살 수밖에 없다. 주변에 시신이 여기저기 널려 있는 상황이지만 그들은 그곳을 떠나갈 수 있는 곳이 없다. 우리는 배를 타고 40분을 갔는데 바다가 나오려면 5시간을 가야 한다. 그 좌우로 우리가 갔던 마을과 같은 마을들이 120개가 있다. 이것은 우리의 한계를 넘는 일이다. 하나님의 손에 올려드렸다.

우리는 더 이상 그곳에 머물 수가 없었다. 한시라도 빨리 그곳을 떠야 했다. 저녁을 거른 채로 우리 팀은 서둘러 그곳을 도망치듯이 빠져나왔다. 뻬떼아에 도착하니 자정이 넘었다. 구호를 하면서, 이렇게 작전하듯이 해야 하는 현실이 너무 안타까웠다.

열등감과 헤어지기

우리는 때로 소리를 지른다. 화를 낸다. 사람이니 그럴 수 있다. 그러나 그때 우리는 행복하지 않다. 부드럽고 온유한 자가 행복하다. 얼굴에

쓰여 있어야 한다. '난 부드러운 사람이다.' 인상 펴고 말해야 한다. 부드러운 것이 강한 것을 꺾는다. 부드러운 혀가 강한 뼈를 꺾는다. 부드러운 사람이 세상을 정복하고 땅을 차지한다. 온유한 자가 성공한다. 소리만 지르지 않아도, 화만 내지 않아도 성공한다. 온유하기 위해서는 약하고 부족한 것을 받아들여야 한다. 나도 그렇고 내 곁에 있는 사람도 완전하지 못한 인간이라는 사실을 받아들여야 한다.

온유한 자가 행복하다고 했는데 온유란 무엇일까? 온유는 자기 자신을 대하는 건강한 관점과 태도다. 온유한 사람은 자기 자신을 따뜻한 시선으로 바라본다. 그는 자기 자신과 관계도 좋다.

실제 모습보다 자신을 높게 여길 때 우월감을 갖게 되고, 반대로 자신을 낮게 여길 때 열등감을 갖게 된다. 우월감이나 열등감은 동전의 양면 같은 것으로, 둘 다 교만의 상징이다. 우리는 우월감이 교만이라는 것은 알고 있지만, 열등감이 교만이라는 사실은 놓치기 쉽다. 때로 열등감이 겸손으로 오해되기도 해서 그렇다. 열등감의 본질은 교만이다. 성경이 교만은 패망의 선봉이라고 했으니, 열등감이야말로 패망의 선봉인 셈이다.

그렇다면 존귀의 선봉은 무엇일까? 그렇다. 겸손이다. 일반적으로 겸손은 자기 자신을 턱없이 높거나 낮게 바라보는 것이 아니라 있는 그대로 보는 것이다. 성경을 통해 깨달은 겸손은 하나님이 말씀하시는 자기 자신을 자기로 보고 받아들이는 것이다. 내가 생각하는 나, 다른 사람이 말하는 나가 아니라 하나님이 말씀하시는 나를 나로 받아들이는 것이 겸

앙코르 상상하며 부르는 노래

손이다. 온유한 자가 행복하다는 말은 겸손한 자가 행복하다는 말이다. 겸손한 사람은 열등감을 털어낸 사람이다. 열등감을 가볍게 보지 말아야 한다. 때로 열등감은 괴력을 발휘하기도 한다. 이것이 시기나 분노, 원망으로 표출되기도 한다.

예를 만들어 본다. 어떤 목사님이 여러 성도가 있는 자리에서 한 성도를 온유하고 아름답다고 칭찬했다. 이 말을 들은 이들의 반응은 다를 수 있다. 어떤 이는 속으로 '온유하긴 뭐가 온유해. 김 집사가 여우란 걸 모르나? 또 예쁘긴 뭐가 예뻐. 아이고 목사가 별걸 다 보고 있네!' 하며 마음이 편치 않을 수 있다. 왜 그럴까? 이유는 다양하다. 열등감에서 기인한 시기 때문일 수도 있다.

시기는 공격으로 이어지기 쉽다. 칼과 창보다 무서운 세 치 혀로 무자비한 공격을 하기도 한다. 그때 우리는 행복하지 않다. 일과를 마치고 잠자리에 들어도 단잠을 이룰 수 없고 꿈을 꿔도 악몽을 꾸게 된다. 행복하기 위해서는 우리 안의 열등감을 버려야 한다.

열등감 있는 사람 곁에 있는 사람은 피로도가 높다. 긴장해서 그런지 모른다. 열등감과 헤어져야 한다. 열등감이 사라지면 마음에 여유가 생기고 온유해진다. 열등감과 헤어지면 넉넉한 가슴으로 살 수 있다.

열등감은 겸손이 아니다. 교만이다. 열등감은 성격에도 영향을 미친다. 공격적이 될 위험도 있다. 열등감을 감춘 채 그런 자신을 보호하기 위해 필요 이상 강경해지기도 한다.

외모에 대한 열등감을 치료하고 회복할 수 있다면, 집을 팔아서라도 성형수술을 받는 게 나을지 모른다. 박사학위로 공부를 많이 하지 못한 열등감을 해결할 수 있다면, 직장에 사표를 내고 집을 팔아 전세로 옮기고라도 박사학위를 취득하는 게 나을지 모른다. 그렇게 해서 열등감에서 벗어날 수만 있다면, 그렇게 하는 게 낫다는 말이다. 하지만 그걸로 열등감이 사라진다는 보장은 없다. 좋은 대학 나온 사람, 잘생긴 사람, 객관적으로 괜찮은 조건을 가진 사람 중에도 열등감 때문에 힘들어하는 이들이 있다.

코에 대해 열등감을 갖고 있는 사람은 누군가 다른 사람에게 "코 참 잘생겼다"고 하는 말에도 상처를 받는다. 누가 자신한테 코 못생겼다고 하지도 않았는데 말이다.

한부모 밑에서 혹은 고아로 자란 것에 대해 열등감을 갖고 있는 이가 있다. 그는 "교회에서 고아와 과부를 돌봐야 한다"는 말에도 '뭐? 고아, 과부?' 하며 분을 낸다. 아무도 그를 멸시하거나 상처 주기 위해 한 말이 아님에도 그는 스스로 멸시당하고 스스로 상처받는다. 유난히 자주 상처받고 유난히 자주 힘들어하는 이가 있다면, 자신을 살필 필요가 있다. 내 안에 열등감이 있는 것은 아닌지 둘러봐야 한다. 웃을 수 없게 만들고 비탄에 잠겨 살게 만드는 그 불행의 씨앗을 가슴속에 간직할 필요는 없다. 자존심을 세운다는 것, 그것은 우리 안에 있는 열등감을 어떻게 해서든 보호하겠다는 말일 수 있다.

나이가 들었으면, 그 나이를 받아들이는 것이 필요하다. 그것은 나 자신을 받아들이는 일이다. 매일 거울 앞에 앉아 늘어난 주름 수를 세지 말고, 주름의 미학, 주름 속에 깃든 삶의 경륜을 감사하는 것으로 우리 관점과 생각을 바꿔야 한다. "나도 니들 같은 시절이 있었어. 너희라고 안 늙을 줄 알아?" 이렇게 거친 말들 쏟으며 늙지 말아야 한다. 늙었으면 그 늙음을 즐기고, 아줌마면 아줌마로 사는 거다. 자기 자신을 인정하면 온유해지고 온유하면 나는 물론, 나와 함께 하는 사람들도 행복하다. 부드러운 사람은 꿀차 주면 꿀차라서 감사하고, 홍차 주면 홍차라서 고마워한다. 대하기 편안한 사람, 같이 있으면 기분 좋아지는 사람, 그 사람이 우리여야 한다. 이미 열등감과 헤어졌겠지만, 그래도 긴장의 끈을 놓을 수 없는 게 우리다. 헤어진 연인은 다시 찾아오지 않는데 헤어진 열등감은 수시로 찾아온다. 우리는 수시로 열등감과 헤어져야 한다. 그래야 우리에게 곁을 내준 사람들이 숨을 쉰다.

STUDY GUIDE
스터디 가이드
FOR A RELATIONAL HAPPINESS

나를 본 눈으로 남을 본다
01_ 연약한 것은 도와주라
02_ 부족한 것은 채워주라
03_ 허물은 덮어주라
04_ 좋은 것은 말해주라
05_ 뛰어난 것은 인정해주라
06_ 가족은 돌아보라
07_ 이웃은 사랑하라
08_ 원수는 없애라

나를 본 눈으로 남을 본다

- 함께 읽을 말씀 : 아가 1장 1절-2장 7절
- 마음에 새길 말씀 : 아가 1장 5절

좋은 관계를 위해 기본으로 전제되어야 할 것들이 있다. 그중 하나는 하나님의 은혜다. 우리가 은혜를 구할 때 하나님은 때로 그 은혜를 다른 사람을 통해서 주시기도 한다. 우리는 이것을 "사람에게 은혜를 입었다"고 말한다. 사람에게 은혜를 입어야 그와 좋은 관계가 유지된다.

1. 관계 가운데 임한 하나님의 은혜를 한번 생각해 보라. 사람들과 관계가 좋다면 그 가운데는 하나님의 은혜가 있다. 하나님이 다른 사람을 통해 주신 은혜, 다른 사람에게 입은 은혜가 있다. 느헤미야가 아닥사스다 왕 앞에 나가기 전에 한 기도가 있다. 그 기도의 내용은 무엇이고 결과는 어떻게 되었는지 느헤미야서에서 찾아보라. (느 1:1-11)

2. "나를 본 눈으로 남을 본다"를 읽는 중에 마음에 가장 와닿은 것은 무엇인가? 왜 그렇게 느꼈는가? 자신에게 약한 부분이 생각났는가 아니면 나도 그렇게 하고 싶기 때문인가?

3. 사론의 수선화, 골짜기의 백합화의 의미는 무엇일까? (아 2:1)

4. 나에게 사론은 무엇이고 골짜기는 무엇인가? 또 수선화는 무엇이고 백합화는 무엇인가?

5. "내가 비록 검으나 아름답고, 게달의 장막 같으나 솔로몬의 휘장과도 같다"는 말의 의미는 무엇인가? (아 1:5)

6. 나에게 '검은 것'은 무엇이며 '게달의 장막'은 무엇인가? 그것을 어떻게 아름다운 것, 솔로몬의 휘장과 같은 것으로 느낄 수 있을까?

7. 나는 스스로를 어떻게 보고 있는가? 솔로몬이나 술람미 여인처럼 표현해 보라.

8. 가시나무 가운데 백합화, 수풀 가운데 사과나무의 의미는 무엇인가? (아 2:2-3)

9. 나와 밀접한 관계를 맺고 있는 그 사람의 가시나무는 무엇이고 수풀은 무엇인가? 나는 그 가운데 있는 백합화와 사과나무를 보고 있는가? 그에게서 백합화와 사과나무는 무엇인가?

10. 나는 다른 사람에게서 백합화와 사과나무를 보지 못하고 있지는 않을까? 그가 가시나무와 수풀로만 보이는 것은 아닐까?

11. 사람에게 공통으로 있는 다섯 가지 특성은 무엇인가?

12. 이 장을 통해 받은 은혜를 함께 나누라.

01_ 연약한 것은 도와주라

- 함께 읽을 말씀 : 창세기 2장 18-23절
- 마음에 새길 말씀 : 로마서 15장 1절

1. 사람은 처음부터 도움이 필요한 존재로 지음받았다. 다른 사람의 도움이 있어야 살 수 있는 연약함이 사람에게 있다는 의미다. 전능하신 하나님이 사람을 이렇게 만드신 이유는 무엇일까? (창 2:18)

2. 사람에게는 연약한 것이 있다. 나의 연약함은 무엇일까? 당신이 연약하다고 생각하는 것들을 따로 적어 보라. 자신만 보기 위한 것이다. 다른 사람과 나눌 때는 이 중에서 나눌 수 있는 것들을 골라 나누라.

3. 연약함 중에는 자신이 만든 연약함도 있다. 당신의 연약함 목록 중에 당신이 만든 연약함은 없는지 체크해 보라. 그것을 자신의 연약함 목록에 계속 둘 것인지 여부를 결정하라. 이번 기회에 이것들을 자신의 연약함 목록에서 제거하는 은혜를 구하자.

4. 자신의 연약함에 대해 당신은 어떻게 반응하는가? 앞서 작성한 자신의 연약함 리스트에 각각 어떻게 반응하는지 적어 보는 것도 좋은 방법이다.

5. 나는 나의 연약함에 반응하는 것과 같은 방식으로 다른 사람에게 반응하는가 아니면 다른 사람의 연약함에 대해서는 다른 반응을 하는가?

6. 하나님은 연약한 것에 대해 어떻게 하라고 하시는가? (롬 15:1)

7. 연약함을 대하는 일차적인 자세는 무엇인가?

8. 나의 연약함 중에 내가 용납한 것은 어떤 것인가? 용납의 유익을 함께 나누라.

9. 자신의 연약함을 시인할 때 얻는 유익이 무엇인가?

10. 약함이 곧 강함이라는 말의 의미가 무엇인가? (고후 12:7-10)

11. 자신의 약함이 오히려 강함이 되었던 경우가 있다면 그것을 함께 나누라.

12. "약점에 인생 걸지 말라"는 말의 의미는 무엇인가?

13. 자신의 약점과 그것을 보완하는 도구나 방법이 있다면 그것을 함께 나누라.

14. 연약함을 용납한 후에 할 일은 그 연약함을 도와주는 것이다. 자신의 강함으로 다른 사람의 약함을 돕고 있는 것을 함께 나누라.

15. 나는 도움을 받을 때 기분이 좋은가, 아니면 마음이 상하는가? 이런 감정이 나타나는 이유는 무엇이라고 생각하는가? 사람은 서로 도움을 주고받으며 사는 존재로 지음받았다. 도움을 감사함으로 기쁘게 받는 당신의 노하우가 있다면 그것을 함께 나누라.

16. 도울 때는 상대를 배려해야 한다. 어떤 것들을 어떻게 배려해야 하는가? 당신이 도움을 받을 때 배려와 함께 받은 도움이 있다면 함께 나누라.

17. 이 장을 통해 받은 은혜를 함께 나누라.

02_ 부족한 것은 채워주라

- 함께 읽을 말씀 : 창세기 1장 24-31절
- 마음에 새길 말씀 : 야고보서 1장 5절

우리는 태어날 때 평생 살아가기에 필요한 모든 것을 다 가지고 태어나는 것이 아니다. 우리는 이 세상에 살면서 '현지 조달'해야 할 많은 필요를 갖고 이 땅에 태어났다. 그래서 사람에게는 필요한 것이 많다. 이 말을 다른 편에서 보면 "사람에게는 부족한 것이 많다"가 된다.

1. 사람에게는 필요가 있다. 부족한 것이 있다. 당신에게 부족한 것들을 별지에 적어 보라.

2. 부족함에 대해 어떤 자세와 태도를 갖느냐에 따라 부족함이 우리 삶에 좋은 영향을 미치기도 하고, 부정적인 영향을 미치기도 한다. 부족함에 대한 나의 기본적인 태도는 무엇인가?

3. 부족함의 유익이 있다. 그것은 무엇인가? (시 42:1)

4. 부족함을 채워주기 전에 거쳐야 하는 과정은 무엇인가? 사람의 부족함을 채워줄 적절한 타이밍은 언제인가?

5. 부족함을 느끼지 않고, 필요를 느끼지 않는 가운데 필요를 채워준 적이 있지는 않는가? 그 경험이 있다면 함께 나누라.

6. 필요는 적당하게 채워야 한다. 필요를 과하게 채우려고 해서는 안 된다. 탐심이 무엇인가?

7. '합쳐서 100점'을 읽고 느낀 점을 함께 나누라.

8. 내가 채워 100을 만들 그 사람은 누구인가?

9. 부족함이 있는 사람이 우리 곁에 있는 이유는 그 사람이 "왜 그렇게 모자라느냐"는 소리를 듣기 위함이 아니다. 필요를 채워주라고 하나님이 보내신 것이다. 그를 채워주면 하나님은 나를 채워주신다. 사람들의 필요를 채워줄 때 어떤 자세와 태도로 해야 하는가?

10. 사람에게는 다양한 부족함이 있다. 다양한 필요가 있다. 어떤 부족함이 있는가?

11. "때로 어른에게도 장난감이 필요하다"를 읽고 느낀 것을 함께 나누라.

12. 오늘도 우리의 필요를 채워주시는 하나님을 묵상하고 받은 은혜를 나누라. (약 1:5)

13. 사람에게는 사람이 채워줘야 할 부족함이 있고, 하나님이 채워주셔야 할 부족함이 있다. 이 둘은 각각 어떤 것들인가?

14. 하나님으로부터 채움받아야 할 것을 사람에게 채움받으려고 했던 사람들이 있다. 그 결과는 어떻게 되었는가?

15. '터진 웅덩이'가 시사하는 것은 무엇인가? (렘 2:13)

16. 이 장을 통해 받은 은혜를 함께 나누라.

03_ 허물은 덮어주라

- 함께 읽을 말씀 : 창세기 9장 18-27절
- 마음에 새길 말씀 : 잠언 10장 12절

1. 사람에게 허물이 있다는 말은 사람에게 죄가 있다는 말이다. 우리가 만나는 사람, 우리가 관계를 맺는 사람들 안에 죄가 있다는 말이다. 관계를 맺는 자신에게 죄가 있고, 상대에게 죄가 있다. 우리가 관계를 맺을 때, 이 허물을 어떻게 해야 하는가?

2. 하나님이 주신 허물 처리 지침은 무엇인가? (잠 10:12, 잠 17:9)

3. 무엇이 허물인가? 성경이 허물이라고 말하지 않고, 내가 허물이라고 생각하지 않아도, 당사자가 허물이라고 생각하면 그것은 허물로 인정해줘야 한다. 왜 그런가?

4. 비밀에 대한 당신의 기준은 무엇인가? 성경은 비밀에 대해 어떻게 가르치는가? (잠 11:13, 잠 20:19)

5. 우리는 자신이나 다른 사람의 허물을 덮고 가려줘야 한다. 비밀을 지켜줘야 한다. 당신은 자신의 허물을 어떻게 다루고 있는가? (잠 10:12)

6. 허물을 덮어주는 것과 비밀을 지켜주는 것은 같은 말이다. 당신의 비밀을 지켜주는 능력 지수는 얼마나 되는가? 당신은 자신이나 다른 사람의 비밀이나 허물을 말하고 싶은 충동을 어떻게 억제하는지, 당신만의 노하우가 있다면 함께 나누라.

7. 창세기 9장을 읽고 허물이 있는 아버지와 그 허물을 덮은 아들들과 허물을 말한 아들이 어떻게 되었는지 살펴보라.

8. 당신은 부모의 허물을 어떻게 다루고 있는가?

9. 모세에게는 어떤 허물이 있었는가? 그 허물에 대해 백성들은 어떻게 대응했으며 그 결과는 어떻게 되었는가? (민 12장)

10. 허물이 있는 사람은 무시해도 되는가? 허물이 있는 지도자의 결정은 어떻게 해야 하는가?

11. 허물을 덮어주지 않으면 지도자가 없는 인생을 살게 된다. 이 말의 의미가 무엇인가?

12. 당신에게는 지도자가 있는가? 지도자가 있는 삶의 유익을 함께 나누라.

13. 사람의 허물이 드러날 때 성경은 우리에게 어떻게 하라고 하는가?

14. 그리스도인은 세상을 비판하지 않는다. 대신 하는 것이 있다. 그것은 무엇인가?

15. 당신은 사람을 대할 때 기도 바구니를 항상 휴대하는가? 그 유익은 무엇인가?

16. '아버지와 풀어야 인생이 풀린다'를 읽고 느낀 소감을 같이 나누라.

17. 이 장을 통해 받은 은혜를 함께 나누라.

스터디 가이드

04_ 좋은 것은 말해주라

- 함께 읽을 말씀 : 창세기 1장 1-31절
- 마음에 새길 말씀 : 아가 4장 7절

1. 하나님이 세상과 사람을 창조하신 후에 하신 말씀이 있다. 그것은 "좋다"이다. 성경은 이것을 "하나님이 보시기에 좋았더라"고 기록하고 있다. 모든 창조를 마치신 후 하나님의 종합 평가는 "심히 좋다"이다. 하나님은 좋은 것을 좋다고, 심히 좋으면 심히 좋다고 말해주셨다.

2. 사람에게 좋은 것이 있다. 당신에게 있는 좋은 것들을 적어보라.

3. 자신에게 있는 좋은 것과 연약한 것 리스트를 비교해보라. 어느 것이 더 많은가?

4. 좋은 것에 대한 안타까운 반응이 있다. 그것은 무엇인가? 왜 이런 현상이 생기는가?

5. 좋은 것에 대해 부정적인 반응이 있다. 그것은 무엇인가? 이렇게 반응하는 이유는 무엇인가?

6. 좋은 것에 대한 부정적인 반응이 또 있다. 그것은 무엇인가? 왜 이렇게 반응하는가? (출 20:17)

7. 일반적으로 좋은 것을 보면 부러워진다. 이 부러움이 시기를 만나 짝을 이루고, 탐심이 되어 나타나지 않도록 주의해야 한다. 그 이유는 무엇인가?

8. 좋은 것에 대한 믿음의 반응은 그것을 하나님의 위로로 받아들이는 것이다. 하나님이 당신 곁에 두신 좋은 사람들은 당신을 위로하시기 위한 하나님의 선물이다. 당신 곁사람의 좋은 점을 한번 적어보라.

9. 좋은 것에 대한 믿음의 반응이 또 하나 있다. 그것은 무엇인가?

10. 본받기의 1단계는 무엇인가? 본받음의 유익을 함께 나누라.

11. 우리 곁에는 본받지 말아야 할 사람들도 있다. 어떤 사람들을 본받지 말아야 하는가? (잠 13:20, 22:24, 24:21)

12. 우리가 본받지 말아야 할 사람들도 우리를 교훈하시기 위한 하나님의 시청각교재다. 그들이 시청각교재 역할을 어떻게 하는가?

13. 좋은 것에 대한 믿음의 반응은 사모하는 것이다. 구체적으로 이것은 어떻게 하는 것인가?

14. 좋은 것에 대한 믿음의 반응은 기대하는 것이다. "다음은 내 차례다." 이 말의 의미가 무엇이며, 그 유익이 무엇인가?

15. 하나님은 좋은 것에 대해 어떻게 하셨는가? (창 1:4, 31) 예수님은 또 어떻게 하셨는가? (마 26:10)

16. 좋은 것에 대한 믿음의 반응은 표현하는 것이다. 말해주는 것이다. 당신이 좋은 것을 좋다고 말해주어 상대가 감동했던 경우가 있으면 함께 나누라. 반대로 당신이 감동했던 일이 있다면 그것을 함께 나누라.

17. 이 장을 통해 받은 은혜를 함께 나누라.

05_ 뛰어난 것은 인정해주라

- 함께 읽을 말씀 : 창세기 1장 27-28절
- 마음에 새길 말씀 : 요한복음 14장 21절

1. 우리 안에는 하나님이 주신 능력이 있다. 죄로 말미암아 타락하여 많은 능력을 상실했지만, 예수 그리스도로 말미암아 회복되었다. 당신에게 능력이 있는 근거는 무엇인가? (창 1:27, 요 14:12)

2. 당신에게는 능력이 많다. 당신에게는 뛰어난 것이 있다. 당신은 이것을 인정하는가? 혹 당신이 그렇게 느끼지 못한다면 그것은 당신에게 능력이 없기 때문이 아니라 당신이 능력이라고 여기는 것을 너무 제한했기 때문일 수 있다. 이 장을 마친 후에 이 질문에 다시 한번 대답해보라.

3. 하나님이 주신 능력의 용도는 사용일까, 아니면 보관일까? 달란트 비유를 통해 답을 찾아보라. (마 25:14-30)

4. 자신이 능력이 없다고 생각한다면 그렇게 생각하는 이유가 무엇인지 함께 나누라.

5. 능력은 다양하다. 당신이 알고 있는 능력들을 적어보라. 당신에게 있는 능력이 아니라 당신이 능력이라고 생각하는 것들을 함께 나누라.

6. 당신의 IQ가 당신에게 미친 영향은 무엇인가? 당신의 IQ의 높고 낮음을 묻는 것이 아니라 당신이 당신의 IQ를 알게 됨으로 그것이 당신에게 미친 영향을 묻는 것이다. 서로의 IQ는 공개하지 말고 나눌 수 있는 범위 안에서 함께 나누라.

7. 전능한 사람이 없듯이 무능한 사람도 없다. 다만 능력을 발견하지 못했을 뿐이다. 이 말에 동의하는가? 그렇다면 지금이라도 당신 안에 아직 발견하지 못한 능력, 개발하지 못한 능력을 찾는 작업을 시작해야 한다.

8. 모략을 길어 올리는 두레박이 있다. 이 두레박으로 능력도 길어 올릴 수 있지 않을까? 성인이 되어서야 알게 된 당신의 능력을 함께 나누라. 그것이 자신의 능력이라는 것을 알았지만 이미 그때는 은퇴한 뒤였다는 안타까운 고백이 우리의 경우가 되지 않도록 해야 한다.

9. 능력을 길어 올리는 두레박은 무엇일까?

10. 사람은 밥 외에도 먹어야 하는 것이 있다. 그중 하나는 무엇인가?

11. 능력은 당신이 잘하는 것이다. 당신이 잘하는 것은 무엇인가?

12. 인정을 통해 당신이 누군가의 능력을 길어 올려준 경우가 있다면, 그것을 함께 나누라.

13. 하나님은 당신을 어떻게 인정하시는가?

14. 인정과 관련해서 믿음과 겸손이 무엇인가? 이런 관점에서 당신은 믿음의 사람, 겸손한 사람인가?

15. 능력에 믿음으로 반응해야 한다. 어떻게 하는 것이 능력에 믿음으로 반응하는 것인가?

16. 이 장을 통해 깨달은 것을 함께 나누라.

06_ 가족은 돌아보라

- 함께 읽을 말씀 : 에베소서 5장 22절-6장 4절
- 마음에 새길 말씀 : 디모데전서 5장 8절

1. 가족은 하나님이 만들어주신 특별한 공동체다. 왜 그런가? 당신에게 가족은 무엇이며, 어떤 의미인가?

2. 가족이 사는 가정은 충전소다. 그 의미는 무엇인가?

3. 사람이 타락하기 이전, 가족의 원형은 어떠했을까?

4. 죄가 들어오면서 가족들 사이에 문제가 생겼다. 형이 동생을 죽이는 일이 생겼다. 가정은 회복이 필요하다. 가정 회복의 길은 무엇인가?

5. 가족과 관련된 양극단이 있다. 그것은 무엇인가?

6. 가족만 아는 극단적인 사람들의 문제는 무엇인가?

7. 가족을 돌아보지 않는 극단적인 사람들의 문제는 무엇인가? 이런 극단은 말씀을 오해한 것도 한 원인이다. 이들이 오해한 말씀은 무엇인가? (막 10:29, 마 10:34, 마 10:39)

8. 하나님은 가족을 돌아보지 않는 자들에 대해 뭐라고 말씀하시는가? (딤전 5:8)

9. 범사에 균형을 유지해야 한다. 적당해야 한다. 이것은 가족에 대해서도 마찬가지다. 가족에 대해 당신은 균형을 유지하는가? 나는 가족만 아는 사람인가? 나는 가족을 돌아보지 않는 사람인가? 한번 점검해 볼 필요가 있다.

10. 가족은 끝까지 함께 갈 사람이다. 당신은 가족을 어떻게 대하는가?

11. 가장이 가정을 돌아보는 일은 당연하지만, 이 당연한 일도 가족의 지지와 격려가 필요하다. 또한 살림과 육아 등으로 애쓰고 있는 아내에게도 필요한 것이 있다. 무엇을 해주면 좋을까.

12. 가정을 천국으로 만드는 공사 시방서에 나온 일곱 지침이 있다. 그것은 무엇인가? 이 일곱 지침을 가지고 당신의 가정 상태를 점검하고 공사가 필요하다면, 그것을 같이 나누라.

13. '자녀는 부모의 축복을 먹고 자란다'를 읽고 이것을 자녀에게 어떻게 적용할지, 함께 나누라.

14. 부부의 입술을 통해 생긴 소원이 있다면 그것을 함께 나누라.

15. '여자 나라말을 배우라, 남자 나라말을 배우라'는 의미는 무엇인가? (벧전 3:7)

16. 이 장을 통해 받은 은혜를 함께 나누라.

07_ 이웃은 사랑하라

- 함께 읽을 말씀 : 잠언 3장 27-31절
- 마음에 새길 말씀 : 마가복음 12장 31절

1. 우리는 이웃과 함께 살아야 한다. 우리가 함께 살아야 하는 이웃은 누구인가?

2. 부자 이웃과 가난한 이웃에 대해 우리는 기본적으로 어떤 마음과 자세를 가져야 하는가?

3. 웃는 이와 함께 웃어야 한다. 웃는 이와 함께 웃지 못하는 이유는 무엇인가?

4. 웃는 이와 함께 웃을 때 얻는 유익은 무엇인가?

5. 우는 이웃과는 어떻게 해야 하는가?

6. 우는 이웃과 함께 울었던 경우가 있으면 나누라.

7. 강도 만난 이웃은 누구이며 우리는 그들에게 어떻게 해야 하는가?
(눅 10장)

8. 예수님은 "가서 너희도 이와 같이 하라"고 하셨다. 이 말씀에 순종하여 강도 만난 이웃을 도왔던 경우를 함께 나누라.

9. 주린 이웃에게는 먹을 것을 나눠줘야 한다. 먹을 것이 없어 혹 굶은 경험이 있는가? 만약 있다면 그 경험을 하나님이 하게 하신 뜻이 무엇일까? 그중에는 주린 심정을 체험하게 한 후에 주린 이웃에게 먹을 것을 나눠주게 하려 하심도 들어 있지 않을까? 주린 이웃을 위해 당신이 하는 일을 함께 나누라.

10. 주린 자에게 먹을 것을 나눠주는 사람에게 하나님이 약속하신 열두 가지 은혜는 무엇인가?

11. 마지막 심판 날에 임금 오른편에 앉은 자들과 왼편에 앉은 자들이 있었다. 그들을 통해 주린 자에게 먹을 것을 나눠준 사람에게 하나님은 어떻게 해주겠다고 말씀하셨는가? (마 25장)

12. 병든 이웃을 위해 하지 말아야 할 일들이 있다. 그것은 무엇인가? (요 9:2)

13. 병든 이웃을 위해 해야 할 일은 무엇인가? (약 5:14-16)

14. 고아와 과부는 어떻게 대해야 하는가?

15. 나그네 이웃은 어떻게 해야 하는가? 나그네를 위해 당신이 하는 일을 함께 나누라. (신 10:19)

16. 딱한 이웃으로 인해 마음이 아플 때는 기도해야 한다. 이렇게 한 후에 당신이 경험한 하나님이 그 이웃에게 하신 일을 함께 나누라.

17. 이 장을 통해 받은 은혜를 함께 나누라.

08_ 원수는 없애라

- 함께 읽을 말씀 : 로마서 12장 10-21절
- 마음에 새길 말씀 : 누가복음 6장 27절

1. 원수에 대한 하나님의 지침은 무엇인가?

2. 원수, 그는 누구인가?

3. 원수를 만들지 않는 것이 최고다. 만약 원수가 생겼다면 빨리 없애야 한다. 원수를 없애는 이 땅의 앱은 무엇인가?

4. 복수 불가, 그 의미가 무엇인가?

5. 원수를 없애는 방법이 있다. 첫 번째 앱은 무엇인가?

6. 원수를 없애는 두 번째 방법은 기도다. 기도로 어떻게 원수를 없앨 수 있는가? 기도를 통해 원수를 없앤 경험이 있다면 그것을 함께 나누라.

7. 원수를 없애는 세 번째 방법은 무엇인가?

8. 원수를 없애는 방법은 신탁이다. 원수를 하나님께 맡기는 것이다. 원수를 하나님께 신탁하는 것은 어떻게 하는 것인가?

9. 원수를 없애는 방법은 용서다. 원수를 없애기 위해 하나님이 주신 열쇠가 있다. 천국 열쇠다. 이 열쇠로 원수를 없애는 과정을 함께 나누라.

10. 마지막으로 이 책에서 소개한 원수를 없애는 하늘나라 앱은 무엇인가?

11. 사람의 힘으로 풀기 어려운 관계 문제가 생겼을 때는 하나님을 기쁘시게 하는 일을 찾아서 하는 것이 지혜다. 하나님을 기쁘시게 함으로 "나의 원수라도 나와 더불어 화목하게 하신" 경험이 있으면 그것을 함께 나누라.

12. 원수를 사랑하라는 말씀 속에는 당신을 향한 큰 사랑이 들어 있다. 원수를 없애는 사람은 복이 있다. 어떤 복이 있는가? 당신이 원수를 없애고 받은 복을 함께 나누라.

13. 원수가 사명자일 수 있다. 이 말의 의미가 무엇인가? 혹 지금 당신 곁에 사명자는 없는가?

14. 멀리해야 할 사람도 있다. 그들은 누구이며 왜 그래야 하는가?

15. 거기서 여호와께서 복을 명하셨다. '거기'가 어디인가? (시 133:1-3)

16. 욥을 회복시키실 때 하나님이 욥에게 먼저 하도록 하신 것이 있다. 그것은 무엇일까? 왜 하나님은 그렇게 하셨을까? (욥 42:10)

17. 이 장을 통해 받은 은혜를 함께 나누라.

사명선언문

너희가 흠이 없고 순전하여……세상에서 그들 가운데 빛들로
나타내며 생명의 말씀을 밝혀 _ 빌 2:15-16

1. 생명을 담겠습니다
만드는 책에 주님 주신 생명을 담겠습니다.
그 책으로 복음을 선포하겠습니다.

2. 말씀을 밝히겠습니다
생명의 근본은 말씀입니다.
말씀을 밝혀 성도와 교회의 성장을 돕겠습니다.

3. 빛이 되겠습니다
시대와 영혼의 어두움을 밝혀 주님 앞으로 이끄는
빛이 되는 책을 만들겠습니다.

4. 순전히 행하겠습니다
책을 만들고 전하는 일과 경영하는 일에 부끄러움이 없는
정직함으로 행하겠습니다.

5. 끝까지 전파하겠습니다
모든 사람에게, 땅 끝까지, 주님 오시는 그날까지
복음을 전하는 사명을 다하겠습니다.

서점 안내

광화문점 서울시 종로구 새문안로 69 구세군회관 1층
02)737-2288 / 02)737-4623(F)

강남점 서울시 서초구 신반포로 177 반포쇼핑타운 3동 2층
02)595-1211 / 02)595-3549(F)

구로점 서울시 동작구 시흥대로 602, 3층 302호
02)858-8744 / 02)838-0653(F)

노원점 서울시 노원구 동일로 1366 삼봉빌딩 지하 1층
02)938-7979 / 02)3391-6169(F)

일산점 경기도 고양시 일산서구 중앙로 1391 레이크타운 지하 1층
031)916-8787 / 031)916-8788(F)

의정부점 경기도 의정부시 청사로47번길 12 성산타워 3층
031)845-0600 / 031)852-6930(F)

인터넷서점 www.lifebook.co.kr